ツボちゃんの話

夫・坪内祐三

佐久間文子

新潮社

ツボちゃんの話　夫・坪内祐三◆目次

写真

カバー表　山田耕司（扶桑社）
カバー裏・本扉　中村規

ツボちゃんの話

夫・坪内祐三

第一章　亡くなった日のこと

いつもふらふら飲み歩いているツボちゃんは、仕事の面では驚くほど勤勉なひとだった。雨の日も雪の日も台風の日も、土日も盆も正月も関係なく、自宅から歩いて五分足らずのところにある仕事場マンションに出かけて、何かしら原稿を書いたり本を読んだりしていた。雑誌の連載を含めると締切がひと月に二十以上、多いときは毎日何かの締切を抱えるような状態だったが、それがぜんぜん苦にならないようで、「皿回しの皿を、いくつも同時に回していくみたいな感じでやるのがこれで結構たいへんなんだよ」と、ちょっと得意そうに言っていた。

原稿は手書きで、書くのはとても早かった。本を書評するとき彼は大事なポイントに市販の一番小さな付箋を貼っていく。ポイントを見極めるのも早いようで、数カ所、多くても十カ所くらいにしか付箋を貼らない。家にいるときはソファに寝転んで何かしら読んでいたし、読んでないときはテレビを見ていた。

前の晩、どれだけ飲んでも二日酔いにならず、朝は遅くとも八時には起きだして、食事をしてから熱めのお風呂に入った。新聞や雑誌にざっと目を通し、テレビ欄をチェックして録画をセットしてから、十時すぎには仕事場に向かう。よほど差し迫った仕事がない限り、六時をめどにさっと切り上げて家に戻ってきた。

東京の街を飲み歩く日々を記録した、雑誌「ダカーポ」の「酒日誌」や、「小説現代」で「酒中日記」の連載を長く続けていたのと、福田和也さんと「週刊ＳＰＡ！」で飲食しながらの対談連載をやっていたせいで、毎晩、飲み歩いている人の印象があったようだけど、さすがにあれだけたくさん書くには遊んでばかりいられない。外に飲みに出るのは多くて週に三日で、夕食は家でとることが多かった。

「酒中日記」の連載が続いているあいだは、家にこもる日が続くと、「日記に書くことがないから」と、夕方になってわざわざ出かけていくこともあった。「酒中日記」は二〇一六年に終わり、「ＳＰＡ！」の連載も二〇一八年に終わったので、仕事として飲む必要はなくなり、そのころに比べると出かける回数も減った。この一、二年は体調もあまりよくなく、家で過ごす時間が長くなっていた。

仕事が終わると、自宅の固定電話に、「今から帰ります」と電話がかかってくる。

令和二年一月十二日は日曜日だったけど、いつもと同じように、仕事場にいるツボちゃんから午後六時ごろに電話がかかってきた。

けれどもその日は、いつもとようすが違っていた。

「原稿が書けないんだ。帰るの、少し遅くなる」

それまでにも「原稿が書き終わらない」と言って遅くなることはたまにあったが、「原稿が書けない」と言うのは珍しかった。

「遅くなる」と言ったのに、彼は六時半ぐらいに戻ってきた。そのことにもちょっと違和感があったけど、仕事についてとくに何も言わなかったので、私も聞かなかった。

年末にひいた風邪が長引き、なかなか治らないようだった。少し元気になると、久しぶりだからと飲みに出かけて、またぶり返す。そのくり返しで、たえずくしゃみや咳をしていた。お腹の調子もよくないようだった。

その二日前、一月十日の夜、韓国映画の「パラサイト　半地下の家族」を二子玉川の109シネマズにふたりで観に行ったときも、三軒茶屋の駅に着いたところで、あまりにも疲れかたがひどいので、今日はやめておく? と聞いたほどだった。「ここまで来たんだから行くよ」と言うので、そのまま電車に乗ったが、ずっとしんどそうにしていた。

翌日の十一日は、少し元気が出たようで、大相撲の「触れ太鼓」を聞きに神田神保町に出かけて行った。「触れ太鼓」というのは、場所が始まる前日に、呼び出しが、興行の始まりと初日の顔合わせを触れ歩くもので、彼にとって相撲見物は、「触れ太鼓」を聞くことからはじまった。彼のひいきの書店である東京堂は「触れ太鼓」が口上を述べる場所のひとつで、場所前は必ず東京堂前で聞くことにしていた。

十二日の朝はふつうにしていたけど、夜になるとまた調子が悪くなっていた。

「今日は飲まない」と言うのを聞いて、体調がよくないんだな、と思った。

彼が酒を飲まない日は一年のうちで一日か二日、あるかないかで、外でも家でも、あまりにも毎日飲むので、週に一度ぐらい休肝日をつくったほうがいいと頼んだこともある。しばらくそうしてくれたが、すぐ守れなくなった。調子が悪かった十日の夜でさえ、映画館から帰るとウイスキーソーダを自分でつくって飲んでいた。「飲まない」というのはよほどのことで、これは風邪ではなくインフルエンザではないかと私は疑った。

いつもなら少しおかずを残しておいて、それをつまみにゆるゆる飲み続けるのに、その日は食欲がなく、好物の鰆《さわら》の西京漬けも、ほうれん草のお浸しも、味噌汁もご飯も、ぜんぶ少しずつ残した。「残してごめんね」と言うので食器を下げたが、食べ物をむだにするのが嫌いな人なので、これも珍しいことだった。

その日の食卓で何を話したか覚えていない。十四日が私の誕生日だったので、「駅のそばのイタリアンを予約しておいた」と話してくれたのがこの時だった気がするけど、前の日のことだったかもしれない。私が台所で洗いものをしているあいだ、彼は黙ってテレビを見ていた。

「サンデー毎日」でテレビ評を連載していたので、毎朝、新聞のテレビ欄を隅から隅まで眺め、見るべきものに青のボールペンで○をつけていく。○印は四つか五つ、録画したらDVDに焼き、翌日、仕事場に持っていって見ていたし、夜、家にいるときも目まぐるしくザッピングしながら何かしら見ていた。

その晩、何を見ていたか記憶にない。洗いものを終えた私は、同じ部屋で、ソファに座って本を読んでいた。午後十時ごろだっただろうか。「録画ができない」と言うので顔を上げると、ダイニングの椅子に座った彼が、大きく体を揺らして椅子からずり落ちそうになっている。

それまでにも、酔っぱらって転ぶことが何度もあった。もともと足が二十三センチぐらいしかなく、足が小さいせいで転びやすいと自分で言っていた。それに加えて、ふらふらになるまで飲んでしまうので、頭を打ってたんこぶをつくったことや、流血したことが何度もあった。ふらふらしている頭の先にリビングのローテーブルがあり、椅子から落ちて床やテーブルの角に頭をぶつけたりしたらたいへんだ、とあわてて駆け寄った。

おでこに手を当ててると熱はないようだったが、絶対インフルエンザだ、と思った。

一緒に暮らした二十一年のあいだに、私は二度、インフルエンザにかかっている。うつるから治るまでは仕事場で寝てほしい、と頼んでも、彼は無視して平気で隣のベッドに寝ていた。予防接種も受けていないのに、それでもうつったことはなかったから、インフルエンザにかかったらどんなに気分が悪いか、自分ではわからないのかもしれない。

翌日、彼は国技館に友だちと相撲を見に行く予定にしていた。この十数年、子どものころ好きだった相撲熱が再燃し、東京場所は最低でも三度は見に行き、テレビの中継も午後の早い時間の番付下位の取組から熱心に見ていた。

もしインフルエンザだったら、一緒に行く人にうつしてしまうだろう。明日は行かないほうがいい、と言うと、「いやだよ！　絶対行くよ！」と怒ったので、そのぐらいの元気はあるんだな、とちょっと安心した。

極端な病院嫌いだったけど、どんなにいやがっても、明日はぜったい医者に行ってもらうと思った。祝日だが、近所に区の保健センターがあり、そこなら診てもらえるはずだ。インフルエンザの検査を受けて陰性と出ない限り、相撲に行かせるわけにはいかない。

この場でそう言っても不機嫌になるだけだから、明日、改めて言うことにして、とにかく今日は早めに寝たほうがいいからと、椅子から立たせ、後ろから腰を支えて押し出すようにして十数歩あるかせ、寝室に連れて行った。家で泥酔している彼を私がこうやって寝室に連れて行くとき、必ず、「退場？　退場ですか？」と聞くのだが、酒を飲んでいなかったこの日もやっぱり、「退場ですか?」と言いながら、案外素直に連れて行かれた。

途中で一度、ようすを見に行ったときは、とくに変わりなかった。午前零時すぎ、私も寝ることにして、寝室に行った。室内灯を消してベッドに入り、しばらくすると、隣のベッドで寝ている彼の呼吸音が急におかしくなった。ぜんそくの喘鳴のような、ブルブル振動する、いままで聞いたことのない激しさに変わった。痰もからんでいるようで、おかしい、このままではのどがつまると思って、急いで電気をつけ、彼のからだを抱き起こした。

洗面器を持ってきて顔の前に置き、痰を吐いてと呼びかけると、どろっとした痰が大量に出た。洗面所に痰を捨てて戻ると、体を起こしたままの彼の私を見る目が、なにも見ていない。あわてて病院に行く?と聞いても返事がない。彼の手をつかみ、救急車を呼ぶよ?わかったら手を握ってと意思を確かめるが、まったく反応がかえってこない。

ふるえる指で119番を押し、いまの状態を話すと、すぐ救急車で行くから心臓マッサージをしながら待つように指示された。言われたとおり胸のあいだをてのひらで強く押してみるけど、何も反応はない。

消防署は自宅から歩いて五分もかからず、サイレンを鳴らして救急車はすぐ到着した。手早くベッドから床に降ろして救命処置が始まり、これで助かったと思ったのに、しばらくして「心肺停止状態です」と言われる。それでも、これから救急病院に向かうとのことで、彼はたんかに載せられた。奥さんも隣に乗って、と言われ、いま目の前で起きていることが信じられないまま、かばんに財布と携帯を放り込んで、たんかのあとに続いて後部ドアから救急車に乗り込んだ。

家を出たとき、午前一時近かったと思う。受け入れ先は品川区の昭和大学病院に決まり、救急車の中から、友人の一志りつ子さんに、ツボちゃんが急に体調崩して救急車で病院に行きます、とメールした。

りつ子さんは、彼の大学時代のサークル「マイルストーン」の先輩でノンフィクション作家の一志治夫さんの奥さんで、彼とつきあいだしたころからよく四人で会っていた。二〇〇〇年に彼が新宿で暴行を受け緊急手術を受けたときも、一志さんに付き添ってもらった。この年末に、私たちは大げんかをしてふたりには心配をかけたので、その日の夜、りつ子さんにお詫びのメールを送ったところだった。ツボちゃんの風邪が治ったら、改めてまた四人でご飯を食べましょう。そうメールしてから三時間もたっていないのに、どうしてこんなことになったのか。

ツボちゃんの姉と、二人の弟の携帯にも電話するが、遅い時間なのでだれも出ない。

昭和大学病院の救命救急センターに到着してからは、記憶がとぎれとぎれになっている。ツボちゃんはどこかに連れて行かれ、私はひとり、ロビーに残った。夜の病院ロビーは思いのほか人の出入りが多く、誰かが入ってきては、すぐまた誰か出て行く。落ち着かない空気のなか、私は呆けたように椅子にうずくまっていた。

三十分ぐらいたっただろうか、その日の当直らしい若い医師に名前を呼ばれ、これ以上できることはない、という意味のことを告げられた。音として耳に入ってくるけど、言葉の意味を受け入れられない。反射的に、もう少し、とお願いして、何度かそのやりとりをくりかえした気がする。何度めかに、これ以上は……と言われたとき、わかりましたとしたがうしかなかった。

一月十三日午前一時五十六分。死亡時刻が宣告されるのをぼうぜんと聞いた。私はこの人を死なせてしまった。

義姉と連絡がつき、二人の義弟と到着した。三人とも、顔がこわばっている。義姉に「どうして……?」と聞かれても、苦しくて、ことばが出てこない。

四人で地下に案内されると、そこは霊安室で、ツボちゃんがひとり寝かされていた。激しい呼吸音を聞いて、どれだけ苦しかっただろうと思ったのに、穏やかな優しい顔をしていた。ぐっすり眠っているとしか思えない姿で、顔や手にふれると温もりがあり、死んでいるなんて信じられなかった。

霊安室に制服の男の人が入ってきて、世田谷警察署の警察官だと自己紹介された。ツボちゃんが寝ている部屋の隅のスチール机をはさんで向かい合い、私は事情聴取を受けた。

その日の夜の彼のようすはどんなだったか。聞かれるままに、帰ってきてからのこと、体調が悪かったことや、寝ているうちにようすが急変したことなどを伝えた。

聴取が終わると、この後の手続きを簡単に説明された。病院に到着したときにはすでに亡くなっていたと思われるので、病院では死亡診断書が書けない決まりなのだという。変死という扱いになるのだと、それでわかった。救急隊の人にも病院の医師にも、かかりつけ医があるかどうか聞かれたが、病院嫌いで、通院歴も既往歴もなかったために、死因を判断するのが難しくなるようだった。

彼は世田谷警察署の安置所に運ばれ、翌日、検視を受けることになる、と言われた。それだけでもショックだったが、検視で死因がわからなければ、行政解剖されることになるらしい。衝撃を受けているのに、うろたえることもなく、わかりましたとぼんやりうなずくしかなかった。それは断ることのできない手続きなのだ。勝手にからだをいじくりまわされるなんて、ツボちゃんが元気でいたら、どんなに怒っただろう。そう思っても、彼はもう怒ることができないのだった。

彼は警察の車で移動することになり、私は女性警察官が運転する別の車で自宅マンションに戻って、その後の現場検証に立ち会った。

女性警察官が、さっきまで彼が寝ていたベッドを指さし、男性のほうが写真を撮る。病院では、自宅の後で仕事場にも行くと言われたが、その必要はないと判断されたのか、現場検証は自宅だけで終わった。

すべて終わると、午前四時を回っていた。

さっきまでそこに寝ていた人が、いない。私はこうして自宅に戻っているのに、ツボちゃんは警察の安置所にいるなんて、とても現実に起きていることとは思えなかった。

自分の周りの世界が消えて、現実に似たべつの世界に入り込んでしまった気がした。もとの世界で、彼はまだ元気でいるのではないか。これは悪い夢で、眠って目が覚めたら、もとどおり元気なツボちゃんが起き出してくるに違いない、そう思おうとしたけど、眠れないまま朝を迎えた。


十三日は、朝方に警察から電話があって、午前九時半ごろに世田谷警察署に来るように言われた。一志夫妻と一番下の義弟に連絡、検視の結果が出るのを一緒に待ってもらった。やはり死因はわからないとのことで、案じたとおり行政解剖に回されることになった。

行政解剖はその日の午後、大塚の監察医務院で行われるという。監察医務院からの迎えの車に彼が乗せられ、私とりつ子さんも付き添った。同乗できるのは二人までで、一志さんと義弟は、電車で向かう。

はじめて行った監察医務院はとても静かで、葬祭場のような建物だった。受付で、正式の解剖結果が出るまでに、四十日から六十日ぐらい、混んでいればもっと時間がかかることもあります、とまず伝えられる。

医務院の中には小さな個室がいくつかあって、家族はそこで解剖が終わるまで待つ。一時間半ぐらいして、院内放送で呼び出された。解剖が行われる部屋の前室のようなところで医師から解剖の結果を聞く。結局、病理検査の結果が出るまでは、はっきりしたことはわからないとのことだった。

警察の検視でも、監察医務院でも、急性の症状で、心臓に何か悪いことが起きたのはたしかだ、と言われたので、義弟や一志さんとも相談して、この先、もし亡くなったと知った報道機関から問い合わせがあれば、急性心不全と伝えることにした。あまりにも突然だったので、脳出血や大動脈瘤破裂を起こしたのでは、と思ったけど、そういう痕跡は見られない、とのことだった。

解剖が終わり、ようやく一緒に家に帰れることになった。葬儀社の車で帰宅すると、私の姉が大阪から来てくれ、マンションの前で待っている。姉は内科医で、夜中にメールしたあと、そちらに行こうか？　と言ってくれたので、忙しいのに悪いと思ったが来てもらった。何が起きたのか、解剖の結果をどう思うかも聞きたかった。顔を見たとたん膝の力が抜けて、私より背の低い姉の肩に倒れ込んだ。

しばらく静かに別れの時間を過ごしたかったけど、連載している雑誌に穴をあけてしまうので、編集部には亡くなったことを伝えなければならない。自分ではとても電話できないと思って、一志さんに伝えてもらった。四十年を超すつきあいの一志さんにとってもひどくつらい伝言になり、申し訳なかった。知らせを聞いた担当編集者のかたたちもことばが出ないようすで、取るものも取りあえず自宅に来てくださった。ありがたかったが、どういうふうに彼が死んだのかをくりかえし説明するのはこたえた。

私は、どこで異変を見逃したのだろう。

日曜日、最後に書いていたのは「サンデー毎日」のテレビ評だった。一志さんが電話したとき、「サンデー毎日」の担当者は、彼の原稿がいつもと違って字が乱れ、おかしいと思ったと言ったらしい。ところどころ意味の通じない部分があり、分量も少し足りなかったという。

「原稿が書けない」と電話口で言った夕方、すでにからだの異変は起きていたのだろうか。

たまらない気持ちになって、ひとりになるとすぐ彼の仕事場に行った。仕事場に残されていた原稿用紙の字はたしかにふだんより乱れていたが、ひどく慌てて書いただけのようにも思える。「足りないぶんは、ゲラで書き足します」と添え書きしてあり、分量不足ということもわかっている。これだけでは異変が起きていたかどうか判断できなかった。

テレビを見ながら、「録画ができない」と訴えたことも気にかかっていた。もしかしたら、このときもう、指に力が入らなくなっていたのだろうか。「録画ができない」と言ったことをふと思い出して電源を入れてみたら、テレビそのものが映らなくなっていた。プラグを抜き差しすればまた映るようになり、これも直接、からだの異変との関連はないように思える。

日曜日の夕方から夜までの彼が言ったことや動きを、何度もくりかえし思い起こして、あてもない、こうでもないと答えの出ない問いを考えてみる。もっと早く病院に行っていれば、あと二時間早く救急車を呼んでいれば、命は助かったかもしれない。食欲がないのも、ふらふらしているのも、インフルエンザのせいだと思いこんで、私はもっとずっと深刻な病気の兆候を見逃した。

第二章　出会ったころ

ツボちゃん、坪内祐三に私が初めて会ったのは一九九七年、当時の手帳を見たら、六月二十三日のことだった。

そのころ私は朝日新聞社の文化部記者として働いていて、朝日新聞が出しているニュース週刊誌「ＡＥＲＡ」のカルチャーページ用のインタビューを申し込み、会社まで来てくれることになったのだ。

四月に初めての単行本『ストリートワイズ』（晶文社）が出て、続けて六月には書評集『シブい本』（文藝春秋）も出た。ふつうの読者にはまだまだ知られていなくても、出版の世界では注目を集めていたと思う。

私は四月に読書面の担当になったばかりで、坪内さんの一冊目の『ストリートワイズ』の書評が出ればいいな、と期待していた。まだ評価が定まっていない著者の本を真っ先に取り上げるようなページにしたくて、この本はぜひとも掲載したかった。

読書面は当時もいまも書評委員制をとっていて、書評を検討するためにこの本を持ち帰ったのは私が担当していない委員だった。残念なことに、書評は書かないという判断になり、超話題作というわけではないし、担当でもないのに無理にお願いすることもできなかった。その委員の担当記者が短い紹介を書くことになったが、なんとなくあきらめきれなくて、三月まで在籍していた「ＡＥＲＡ」編集部の友だちに、インタビュー企画を持ち込んだのだ。

著者に頼まれたのならともかく、そこまですることはあまりないから、それぐらい坪内祐三という書き手に興味を持っていたのだと思う。

前年の三月に、「鳩よ！」で「慶応三年生まれ 七人の旋毛曲《つむじまが》り」、四月には「ちくま」で「探訪記者松崎天民」の連載が始まり、八月には「週刊文春」で「文庫本を狙え！」の連載も始まっていた。単著のないライターが「週刊文春」に連載ページを持つのは珍しく、突然、現れたように見えるこのひとは、いったいどういう経歴なんだろう、と思っていた。

なんとなく面倒なひとかもしれないな、とも感じていた。口うるさいというか、古いことをよく知っているぶん、生半可なことを言うと叱られそうな気もする。そして、こういうタイプのひとはたいてい朝日新聞のことが嫌いだ。

ちょうどそのころ、「サンデー毎日」の中野翠さんの連載コラムで、年若い友人としてちらっと名前が出てきて、年寄りではなく若いのか、と意外に思った。

「本の雑誌」で「坪内祐三ロング・インタビュー」が掲載されたのも同じころで、インタビュアーは発行人の目黒考二さんだった。坪内さんが挙げている本の名前は初めて目にするものばかりだったけど、なんだかものすごくおもしろそうに話すなあ、と感心した。

読書面で私は、「本の雑誌」の筆者だった池上冬樹さんのベストセラー評を担当することになり、山形在住の池上さんが東京に来るたびに開かれていた飲み会で目黒さんとも話す機会があった。あのインタビュー、めちゃくちゃおもしろかったですね、と感想を伝えると、そうでしょ、知らない本ばかりなのにすごくおもしろくて、おれ坪内くんの家にこのまま一晩泊まり込みたいと思ったもん、と目黒さんも声がはずんでいた。

文藝春秋のPR誌「本の話」に載った「吉村昭ロング・インタビュー」を読んでうちでもロング・インタビューをやりたいと思いついた企画とのことだったが、吉村昭と坪内祐三では知名度が違いすぎる。読者にとっては誰それ？　というひとのロング・インタビューを、内容だけでぐいぐい読ませてしまうのが「本の雑誌」らしいと思った。

勝手に気難しいひとを想定していたけど、電話に出た坪内さんは意外にも気さくで、フレンドリーだった。取材を依頼すると、「ちょっと前まで朝日にはしょっちゅう行ってたから、そちらに行ってインタビューを受けますよ」と、築地の朝日新聞社まで来てくれることになった。

初めて会う坪内祐三は、三十九歳という年齢よりずいぶん若く見えた。私より六歳年上だが、同世代という感じがした。

ことさら若く感じたのは彼のことをものすごい年寄りだと思いこんでいたせいもある。年寄りだと思いこんだのは私だけではなく、エッセイストの山本夏彦さんは、自分と同じくらいか年上の書き手が突如、出現したと思い、一度、遊びにいらしてくださいというハガキを送ってこられ、「いろいろ昔のことを語り合おうと待っていたら、訪ねてきたのが自分の息子より若い人間で、びっくりされたんだよ」とのちに本人が話していた。山本夏彦の依頼で雑誌「室内」に書いたことがある、というのを自慢にしていた。

取材は、朝日新聞社二階の受付の裏手にあった喫茶コーナーでした記憶がある。坪内さんは、愛想がいい、とは言えなかったけど、何を聞いてもやや聞き取りにくい早口でよどみなく答え、インタビューは小一時間ほどで順調に終了した。ぜんぜんじいさんくさくないな、というおどろきが取材のあいだも続いていた。

「このあと時間ありますか」と坪内さんに聞かれ、あります、と答えると、彼は内線電話で旧知の編集者永栄潔さんを呼び出した。フリー編集者として「月刊Ａｓａｈｉ」に出入りしていたときに親しくなったそうで、永栄さんとは私も「ＡＥＲＡ」で一緒に働いたことがある。

たまたま永栄さんも会社にいて、一緒に白ワインを飲んだりしながら、三人共通の知り合いで、『ストリートワイズ』を編集した中川六平さんのうわさ話をしばらくした。ほかにも共通の知り合いがいて、初対面という感じがあまりしなかった。永栄さんが、「ツボちゃん、このひと結婚してるからね」となぜか二度、言ったのを覚えている。

午後の早い時間から夕方まで一緒にいたと思っていたけど、手帳を見ると取材は午後四時からだった。その日の私は午後六時から午前二時までの深夜勤務にあたっていて、会っていたのは二時間ほどのことだった。夜勤のために六時になったら席に戻らないといけないのに、時間はありますときっぱり答え、白ワインまで飲んでいるのはわれながら調子がいい。仕事場に残されていたツボちゃんの手帳を見ると、その日の夜、六時五十分に表参道で友だちに会う約束が入っていて、私を誘ったのはどうもそれまでの時間つぶしだったようだ。

記事が出たあと掲載誌を送り、九月にも新聞の短い原稿を依頼している。「書物の未来」を読み解くおすすめの本を二冊、挙げてくださいというもので、電話をしたら、「おれ、書物の未来に興味ないんだよね」とあっさり断られた。興味がない、ということで書いてくれたらいいからと粘ると、「じゃあ、書くよ」と引き受けてくれた。マクルーハンの『グーテンベルクの銀河系』とスヴェン・バーカーツの『グーテンベルクへの挽歌』を取り上げ、〈どんな時代になっても、私を含めて、こんなにも手軽で安上がりで時間も場所も選ばない「乗物」としての書物を求める人間は、絶えることがないだろう〉と結んでいる。

評論家で晶文社の編集者だった津野海太郎さんにも同じコラムを依頼していて、他に誰に頼んでるのと聞かれ、坪内さん、と答えたところ、坪内？　坪内祐三？　わっはっは、と電話口で大笑いされた。「季刊・本とコンピュータ」という雑誌を立ち上げたばかりの津野さんから見ても、坪内祐三は「書物の未来」的なものにそっぽを向いている印象だったのだろう。

三輪車に乗った幼稚園時代の坪内少年
子供の頃から顔がまったく変わっていない

十月に彼は、「わが青春のヒーロー」という原稿を夕刊に寄稿している。これは隣の席の先輩記者の依頼で、若年寄みたいなイメージのひとが、映画「サタデー・ナイト・フィーバー」でジョン・トラボルタが演じたトニー・マネロについて書いているのが妙に面白く、感想のファックスを送ったら、折り返し電話があって、しばらく雑談した。

初めて個人的に飲んだのは十二月で、「中野で、萬玉《まんぎょく》邦夫さん（文藝春秋の編集者。『シブい本』の担当）と飲むから来ませんか」と会社に電話がかかって来た。たぶんその間に、萬玉さんの話を電話でしていたのだろう。それからは、時々呼び出されて、おもに新宿の、彼のなじみの店で飲むようになった。当時、代官山に住んでいた、一志夫妻のマンションにも何度か連れて行ってもらった。

取材をきっかけに知り合ったので、最初の記事の印象は悪くなかったのだろうと思っていた。私が「ＡＥＲＡ」や新聞に書いた記事を読んで、「あの記事はよかった」「辛口でおもしろかったよね」などとマメにコメントしてくれるのに、最初のインタビューについては何も言ったことがない。一緒に暮らすようになって何年もたってから、そう言えばあのときの記事はどう思ったの？　と彼に尋ねたら、「まあ、可もなく不可もなしだな」と正直な答えがかえってきた。坪内逍遥の本名が坪内雄蔵なので、名前の読み方は同じだけど逍遥の子孫ではありませんというのをオチに使ったその記事は、たしかにそうとしか言いようがなかったかもしれない。心にもないことは言えないひとだった。

萬玉さんは、開高健や藤沢周平といった作家を担当、谷沢永一さんの『完本・紙つぶて』を手がけ、みずから装丁もしていた。ツボちゃんとは「東京人」時代に知り合い、おたがいにツボちゃん、萬《まん》ちゃんと呼びあっていた。萬玉さんが私のことを最初から文《ぶん》ちゃん、と呼んだのは、たぶん会社に文ちゃんと呼ばれている同僚がいたからだと思う。坪内さんも、それから私のことを文ちゃんと呼ぶようになったが、私がツボちゃんと呼ぶようになるにはだいぶ時間がかかった。

そのころ私は作家の須賀敦子さんの担当もしていて、あるとき、須賀さんも面と向かっては言わないけど、妹さんには私のことを文ちゃんと呼んでいるらしい、と話したら、ツボちゃんはうれしそうに、「須賀さんの世代だったら、絶対、『鯖折り文ちゃん』の『文ちゃん』だよね」と言う。

「鯖折り文ちゃん」と呼ばれた巨漢力士が戦前にいたことを、そのとき初めて知った。「鯖折り文ちゃん」こと出羽《でわ》ヶ嶽文治郎《たけぶんじろう》は、長身を生かして相手の腰を折る、鯖折りという技が得意で、多くの力士を負傷させたらしい。斎藤茂吉の養父の親族と養子縁組をさせられ、不遇時代が長く、いつも哀しい目をしていたんだとツボちゃんは解説した。哀しい目をした巨漢力士と自分の名前を結びつけられてうれしいわけもなく、私は無言になった。

名前と言えば、一緒に暮らすようになってからの彼は、たまに私を「文吉《ぶんきち》」と呼ぶことがあった。「文ちゃん」と呼ばれてうっかり返事をしないでいると、「文吉ー！」「文吉ー！」と返事するまで呼び続ける。丁稚《でっち》みたいで不本意だったけど、いまになってみると、出会ったときからご隠居さんと丁稚、師匠と弟子みたいなところがあったツボちゃんと私との関係性を表しているようでもある。六歳年下、というのはちょうど彼の下の弟と同じで、「みっちゃん（下の弟）と同い年のくせに生意気だなあ」と、何度も言われた。

新聞記者はだいたい忙しいのだが、もともとあまり予定がたたない仕事でもあるので、その日たまたま空いていれば、「きょう、どこそこへ行かない？」という急な誘いにも応じやすい。それがわかって、「新宿で○○さんと飲んでるんだけど文ちゃんも来ない？」とか、「週末、五反田の古書展に行こう」とか、「唐組の芝居を観に行こう」といった面白そうな誘いがくるようになり、仕事の都合がつけばしょっちゅう出かけて行った。

新宿ゴールデン街も、神保町や五反田その他の古書会館も、唐組のテント芝居も、それまでの自分の生活には縁がない場所で、古本なんて誰が触ったかわからないものは苦手だと思って新刊しか買わない人間だったのに、ツボちゃんが連れていってくれる古書会館や古書店で、こんな本が出ていたのか！　という驚きと面白さのある世界を教えられ、古本も買うようになった。古書店に行ったあとはお茶を飲みながら買った本を見せてと言われ、先生にダメ出しされるようで気後れしながら差し出すと、「これはいい本を買ったね」とか、「この人に興味があるなら、次は○○を読むといいよ」とか、初心者がさらに興味を持てるような話をいつもしてくれるツボ先生だった。

萬玉さんから、ツボちゃんはたまに怒りの感情を爆発させることがあると聞かされたけど、出会ってしばらくのあいだ、私は彼が怒ったのをほとんど見たことがない。

私が沖縄に初めて行き、泡盛の古酒をおみやげに渡したとき、ぜんぜんうれしそうではないのでふしぎだったが、あとで聞くと必死に怒りを抑えていたらしい。壺《つぼ》に入った泡盛をツボちゃんへのおみやげにしようと思いついて買ったのだが（よく考えてみればそれは壺ではなく甕《かめ》だった）、当時の彼は、自分がどんどん痩せていくのですい臓がんかもしれないと疑い、お酒を止めていた。その後、一泊二日の人間ドックに入って問題なしとわかってまた飲むようになったが、「なんでこのタイミングでこのひとは酒をくれるの？」と思ったんだとあとになって聞いた。

読書面の「新刊私の◎○」という、おすすめの三冊を月一回紹介する欄の筆者を、新聞の書評は嫌いだというツボちゃんに無理にお願いして引き受けてもらったのに、直後に部内の異動があって私が担当できなくなったときも怒らなかった。

いま思えば、あのころは、相当、がまんしてくれていたのだと思う。

むしろ私のほうが時折、彼に対して怒っていた。

その年のゴールデンウイークの一日、特に予定もなく、ひとりで銀座の並木座へ出かけた。黒澤明の特集で、くりかえしやるものだから下調べもせずに劇場に着くと、超満員で入れない。まだ早い時間で、天気も良く、このまま家に帰るのももったいない。どうしようかと考えて、神奈川近代文学館で「広津柳浪・和郎・桃子展　広津家三代の文学」の展示をやっていることを思い出し、行ってみることにした。

展示内容が地味なので、それほど混雑もしていないだろう。まったく方向は違うけど、新橋駅から東海道線に乗れば横浜まで二十分で到着する。

近代文学館の入口で、ばったりツボちゃんに会った。

気まずかった。くわしい内容は書けないが、その少し前に彼が不用意に言ったひとことが人づてに私の耳に入って、怒りのファックスを送っていた。顔を合せたくなくて、私は反射的にからだの向きを変え逃げようとしたが、進んだ道は行き止まりで、すぐに追いつかれてしまった。

「せっかく来たんだから展示を見て行こうよ」と言われ、こんな静かな場所でぎゃあぎゃあ騒ぐのも大人げないと思って、一緒に展示を見た。悲惨小説と言われた広津柳浪の独特のおもしろさを解説してもらったりしているうちに、彼に怒っていたことはどうでもよくなっていった。

考えてみれば、そういう展示があると私に教えてくれたのはツボちゃんなので、まったくの偶然ではないけど、本当ならいまごろ銀座で映画を観ていたのに、と思うと、こうして横浜で会っているのがとてもふしぎな気がした。

あの日、近代文学館の入口でばったり会っていなければ、彼は謝るのが苦手だから、私がなんとなく敬遠しているうちに、つきあいもとだえてしまったかもしれない。並木座がいっぱいでなかったら、横浜に行こうと思いつかなかったら、その後、彼と一緒に暮らすことにはならなかったかもしれない。

広津和郎の、「みだりに悲観もせず、楽観もせず」という一節がツボちゃんは好きで、たまに口にすることがあった。「どんな事があってもめげずに、忍耐強く、執念深く、みだりに悲観もせず、楽観もせず、生き通して行く精神」を、広津は「散文精神」と名づけた。その感覚は、書き手としてのツボちゃんにとてもしっくりくるようだった。

近代文学館の入口で出会った彼のかたわらには当時の恋人がいた。「みだりに悲観もせず、楽観もせず」と広津が書いたのは、広津が女性問題で悩んでいた渦中のことだったと、彼はこの日の展示を見てはじめて知ったらしい。連載で読んでいたはずのそのくだりを読み過ごしていた私は、彼が亡くなったあとでそのことに気づいた。

第三章　三軒茶屋で

はじめての書きおろし『靖国』が新潮社から出たのは一九九九年一月で、前年十二月に、それぞれの恋人・配偶者と別れて私たちは一緒に暮らし始めた。

彼が暮らしていた三軒茶屋のマンションに私が転がり込むかたちで、無印良品で買った一番大きいナイロン製のバッグに当座の荷物をつめこんで、それまで住んでいた中目黒からタクシーで引っ越した。「かばん一つで来たよね」とあとあとまで言われたぐらい荷物は少なかったけど、本であふれかえった彼のマンションに、私のためのスペースはほとんど残されていなかった。

そのころの私は帰宅が深夜になることも多く、ほとんど寝に帰るだけの部屋ではあったけど、なんとなく落ち着かなかった。二年前までその部屋に暮らしていた前妻の写真家神藏美子さんの荷物があちこちに置かれたままで、彼女の気配が色濃く残っていたことも、落ち着かなさの理由のひとつだった。

私から、二人で暮らす部屋を別に借りようと提案し、近所の不動産屋で、駅のすぐそばの２ＬＤＫの賃貸マンションを見つけた。一階に薬局が入っている古い雑居ビルで、通勤にはとても便利だったけど、いかにも仮住まいという感じの殺風景な部屋で、こないだ通りかかると、私たちが住んでいた階にはマッサージ屋が入っていた。

それまで住んでいたマンションは仕事場にして、彼は毎日、歩いて通勤することになった。新しい部屋に最小限の家具や寝具、食器などを買いととのえ、ようやく住まいらしくなった。

そのころツボちゃんが言った、「靖国御殿を建ててやる」というひとことが忘れられない。彼は女性にこまめにプレゼントするようなタイプではなくて、私は本以外でプレゼントをもらったことなどなかった。それがいきなり「靖国御殿」である。

銀座にあった、穴倉みたいな小さいバーで並んで飲んでいるときだった。びっくりして彼を見ると、いたってまじめな顔をしている。なんと応えていいかわからず、少ししてから、なんだか夜な夜な英霊が訪ねて来そうだね、と言った気がする。

いま思えば、自分に気合を入れようとしていたのかもしれない。それぐらい、『靖国』に期するところがあったのだろう。一緒に暮らし始めた私に対するリップサービス、という空気はまったく感じられなかった。

もの書きになる前の彼が、どうしても書いておきたいとあたためていたテーマが二つあって、ひとつが『変死するアメリカ作家たち』で、もうひとつがこの『靖国』だった。彼自身がそう書いているし、私にもそう言っていた。

『変死するアメリカ作家たち』はアメリカ文学研究者としての彼の仕事だ。デルモア・シュワルツやウェルドン・キースら、奇妙な死に方をしたアメリカの作家を取り上げるもので、「東京人」編集部を辞めてすぐ、未來社のPR誌「未来」で連載が始まった。順調にいけばデビュー作になるはずだったけど、取り上げている作家の名前が日本でなじみのないものばかりだったこともあって、すぐには本にならず、紆余曲折の末、白水社から出版されたのは二〇〇七年のことだ。

「東京人」時代の貯金がそろそろ底をつきそうになって、彼は「東京人」で知遇を得た山口昌男さんの紹介で、フリーランスの編集者兼ライターとして働くようになった。山口さんとのつきあいの中で明治文化史に目をひらかれ、一九九五年夏から書き始めたのが『靖国』で、書き終えるまでに三年以上かかっている。

原稿を受け取った新潮社の編集者は、「新潮45」など自社の雑誌に部分的にでも原稿を掲載してから本にしてはどうかと提案してくれたらしい。そうすれば、印税だけでなく雑誌の原稿料も受け取ることができる。

「それなら他社で出します、って断ったんだ」。書きおろしで出すと決まったあとで聞いて心配になった。生意気な書き手と思われないだろうか。そこは、ありがたく申し出を受け入れるところだろう。

雑誌に載って話題になれば宣伝にもなる。もしかしたら、知名度のない著者の本を書きおろしで出すことに編集者のほうでも不安があったんじゃないかとも思う。

彼は、このテーマは書きおろしのほうがインパクトは強いと思ったようだった。題材が題材だけに、そのほうが雑音に煩わされない、という計算もあったかもしれない。

編集者と自分とは常に対等で、相手にどう受け取られるかを気にせず自分のやりたいスタイルを通すのは、若いときも、年をとってからも変わらなかった気がする。それでいろんなひとに迷惑もかけた。新潮社の最初の担当編集者はたしか、山口さんと同じように「東京人」時代に親しくなった常盤新平さんに紹介してもらったはずで、そういうときに感じる遠慮を彼はまったく持ち合わせていないようだった。

『靖国』は画期的な本だった。

靖国神社と言えば、それまで閣僚の公式参拝やA級戦犯合祀の是非と、そのことへの海外の反応など、イデオロギーを抜きに語られることは少なかった。一方で、近代化する日本の歴史の中で、実際にはどういう場所であったのかということについては、あまり関心をはらわれることがなかった。

『靖国』は、さまざまな書物や雑誌を渉猟し、その時代を生きた人たちが見ていた景色、場所に流れていた空気やにおいまで再現しようと試みている。かつての靖国神社は、サーカスや競馬が開かれ、相撲だけでなくプロレスが奉納されたりもする一種の祝祭的空間で、戦後の早い時期には、アミューズメントパークにする計画があったと、この本には書かれている。本が出てからは、靖国神社といえば相撲やプロレスの奉納もある祝祭的な空間だった、とテレビやタウン誌などでも当たり前に紹介されるようになった。

彼が働いていた「東京人」の編集部は、九段下と飯田橋の中間、東京大神宮の近くにあり、そこから靖国神社を回る当時の散歩コースを、『靖国』が出たあとで案内してもらったことがある。『靖国』のプロローグで書かれている駐車場になった招魂斎庭跡も、「ここがそうだよ」と教えられた。

靖国へ参拝せよという人も、参拝を中止せよという人も、かつての招魂斎庭だった場所が駐車場に変わったという変化には関心を持たない。靖国神社に限らず、重要な場所が土地の歴史性を無視してあとかたもなく破壊され、更新されていくことへの怒りを彼はいつも感じていた。

『靖国』に関する資料は、古本屋や古書展をめぐり、目録を見ながらコツコツ集めていったようだが、明治四十四年刊行の『靖国神社誌』と『明治三十九年五月靖国神社臨時大祭写真帖』のように、向こうから彼のもとにやってきたと思えるものもある。

ツボちゃんにはふしぎと偶然を引き寄せる力があった。極端なひと見知りで、いつもなら店の人に話しかけることなどしないのに、その日に限って、神保町の古書店で、「靖国神社の資料が何かありますか？」と聞いたら、店主が奥から出してきたのがその二つだったそうだ。靖国神社にも所蔵がないという写真帖は、「昭憲皇太后御遺物」と箱書きのある大きな桐の箱に入っているらしいが、彼が亡くなったあと、仕事場の本の山を整理している私はいまだに探し出せないでいる。

昭和三十六年に、力道山が境内で奉納プロレスをしたという記述も、プロレス雑誌のバックナンバーを調べてもわからなかったのに、友人の古本屋、月の輪書林さんの倉庫に遊びに行ったとき、プロレスマニアがつくったという昭和二十～三十年代のプロレス記事のスクラップブック全十五冊というものが棚にあるのを偶然見つけている。インターネットの検索では行き当たらない、未知のものと出会うふしぎな力が働いているようだった。

『靖国』はかなり話題になった。二年後には野坂昭如さんの解説で新潮文庫に入り、その後も版を重ねたけれど、「靖国御殿」が建つほどの売れゆきにはならなかった。高橋哲哉氏の『靖国問題』（ちくま新書）がベストセラーになるのは、『靖国』が出て六年後、二〇〇五年のことだ。

新聞各紙に書評は出たが、どことなく歯切れが悪い。右でも左でもなく、それまでの議論を根本から揺さぶる彼の立ち位置が、ほめるにしてもけなすにしても扱いにくくしているようだった。そのころ取材で知り合ったある研究者は、ツボちゃんと私との関係を知って、「ある雑誌に『靖国』の書評を依頼されたけど、こういう本について書くこと自体、問題なんじゃないかと思って断ったんだよね」と言った。

二〇〇一年に文庫版が出たあとで、評論家の浅田彰氏が、「批評空間」のウェブで『靖国』について書いているのを見つけた。『靖国』の面白さを読み取ったうえで思いきりよく批判しているのをプリントアウトして持ち帰ると、「こういう書評が、単行本のときにあまり出なかったんだよな」と少し残念そうだった。

『靖国』の著者として、靖国神社の今後や、境内にある展示施設の遊就館について考える委員会に招かれて意見を求められたこともあり、機関紙も送られてくるようになったが、境内で陳列販売される靖国関連図書の中に『靖国』が置かれることはなかった。

単行本が出た時に印象に残っているのは、作家の古山高麗雄さんの感想だ。

ＮＨＫの「週刊ブックレビュー」という番組の合評コーナーで、『靖国』が取り上げられることになった。

クロスレビューの評者は三人。そのうち二人が「引用が多すぎて読みにくい」「私にはちょっと難しすぎた」と口々に言い、そばで見ててもツボちゃんの顔がこわばっていくのがわかった。最後に司会者が古山さんに感想を聞く。古山さんは最年長で、戦争経験者でもある。緊張して見ていると、古山さんは、「面白かったあ」とひとこと言い、きれいな笑顔になった。ストレートに「面白い」と言えない空気がかもし出されるなか、感に堪えないといったふうに「面白かったあ」と言われたとき、ほんとうにうれしかったのだろう、それまでぶつぶつ評者についての文句を言っていたツボちゃんが急に静かになった。

引用が多い、煩雑で読みづらいと言われることはそれからもたびたびあったけど、彼は頑としてその書き方を変えようとしなかった。珍しい一次資料を引くときは、どういう本を通してその記述があると知ったか、その過程もきっちり示し、何の手がかりもなくいきなり自分がその文献を発見した、と読者に受け取られる書き方はしなかった。それが歴史を書くことだという気持ちがあったと思う。

自分が当時の雑誌のページをめくって見つけたとっておきのエピソードを、『靖国』を煩雑だと批判した書き手がそっくり引き写して自分が調べたかのように地の文で書いているのを読んで、「あのひとはいつもこういうことするんだよな」と苦笑いしていた。

本を出したあとも靖国神社の定点観測は続けていた。初詣を兼ねて正月の二日か三日には彼が必ず出向くので、私もつきあって、人の波を眺めたり、右翼青年の演説を聞いたり、屋台の一角や遊就館のミュージアムショップでどういう本が売られているかを見たりした。ツボちゃんは、ドネルケバブやシュラスコなどそのとき流行している海外の食べものの屋台がいちはやく並ぶのを目ざとく見つけ、「靖国って意外と国際色豊かなんだよ。境内で騒いでいるいまどきの右翼は、こういう観察をしないんだよな」と言っていた。

『ストリートワイズ』以降、二十三年の間に彼が出した本は五十冊近くになる。年に二、三冊の計算で、もちろんもっとたくさん書いているひとはほかにもいるだろうけど、評論家としてはかなりの仕事量だ。

どの本を見ても思い出すことがたくさんある。なかでも書いているあいだのことや、本になってからのことでとくに印象深いのは、『慶応三年生まれ　七人の旋毛曲り』（マガジンハウス、二〇〇一年）、『文学を探せ』（文藝春秋、二〇〇一年）、『『別れる理由』が気になって』（講談社、二〇〇五年）の三冊だ。

『慶応三年生まれ……』は、マガジンハウスの「鳩よ！」に長期連載した。「鳩よ！」の編集長だった大島一洋さんは、写真家の北島敬三さんに紹介され、新宿でよく飲んでいた。文学好きで、無類のギャンブル好き。一九九三年に「鳩よ！」をリニューアルするときに、無名のツボちゃんに何か連載やってよと依頼してくれた。「芸文時評」の連載や作家の亀和田武さんとの対談書評をしたあとで、「慶応三年……」の連載が始まった。小柄で男前な大島さんのことを、ツボちゃんは「小さな巨人、リトルジャイアント」と呼び恩義を感じていた。

渋谷区と世田谷区でしか暮らしたことのないツボちゃんは、東京を離れることに不安を感じるタイプの旅行嫌いで、なかなか一緒に旅する機会が持てなかった。原稿は手書きだったし、携帯電話も持とうとせず、週刊誌連載を何本も持っていたので、まとまった休みを取るのが難しかったということもある。

私はと言えば、とにかく会社から離れた場所に行きたくて、休みのたびに「どこかに行こう」としんぼう強く言い続け、二十一年の間にニューヨークとメキシコ、台湾を一緒に旅することに成功した。

メキシコに行ったのは二〇〇一年九月で、行先は彼が決めた。いったん重い腰を上げると、「ロンリープラネット」など海外のガイドブックを何冊も買ってきて熱心に読みはじめ、その結果、選ばれたのが、メキシコシティに二泊した後、サン・ミゲル・デ・アジェンデという、シティからバスで四時間ぐらいの小さな町に行って二泊し、またメキシコシティに戻るという八日間の旅程だった。

サン・ミゲル・デ・アジェンデは美しい町で、のんびりバスに乗ったのも楽しかった。宿の中庭でマリアッチの歌を聞いたりして、大きなけんかもせずメキシコシティのホテルに戻ると、ホテルの人がなんだかあわてている。日本からファックスや電話がたくさん来ていると教えてくれた。緊急事態が出来《しゅったい》したようで、メッセージには、至急電話がほしいとある。

彼が仕事場の留守電を聞くと、『慶応三年生まれ 七人の旋毛曲り』が講談社エッセイ賞に選ばれた、という知らせだった。何度、電話しても連絡がつかないのでいろんなところに問い合わせがいったらしい。私が勤めていた新聞社にも連絡が入り、同僚からのファックスが届いていた。大島さんからも、「とにかく受賞しなさい。くれぐれも断らないように」という重々しいメッセージが留守電に入っていた。

たまたま電話に出られなかっただけで、断るという選択肢はなかったと思うが、大島さんがそう心配するぐらい、たしかに彼自身も旋毛曲りではあった。受賞を聞いて、「あの本、エッセイかなあ……?」と言っていたので、仕事場に講談社の知らない人からいきなり電話がかかってきて、受賞して当然みたいに言われたら、「なんであの本がエッセイ賞なの?」ぐらいのことを言った可能性がなくはない。メキシコにいて、ひと呼吸おいて電話を折り返すことができたのは、結果的によかったかもしれない。

選考委員には野坂昭如さん、井上ひさしさんがおられ、「野坂さんやひさしさんたちに選んでもらった」というのを光栄に思っていた。数年たって彼も選考委員に加わることになり、

「エッセイ」というくくりで集められた幅広い作品について、井上さんたちすぐれた読み手と突っ込んだ話ができる選考会をとても楽しみにしていた。

筆が早く、「書くことが楽しくてしかたない、これでお金ももらえるんだからいいよね」と口ぐせのように言っていたツボちゃんが、珍しく苦しんで書いたのが、文芸誌に連載した『文学を探せ』と『『別れる理由』が気になって』だった。

『文学を探せ』は「文學界」、『『別れる理由』が気になって』は「群像」で、月末の文芸誌の締切が迫ってくると、決まってようすがおかしくなった。

夜、飲みに出る回数がめだって多くなり、酒量も増えて、悪酔いして帰ってくる。家に戻っても、ちょっとしたことで怒り出すので警戒が必要だった。

何でそんなに怒ったのか、まったく理由が思い出せない。それぐらいささいなことだったのだと思う。小さなことで怒り、私が言い返すと、さらに火がついたように怒った。私にしてみれば、寝る前の、心穏やかに過ごしたい時間に、どうでもいいようなことでぎゃんぎゃん嚙みつかれるのはやりきれなかった。がまんできずに言いかえすと、倍返しどころか、何倍、何十倍もの言葉がたちまちかえってきて、とにかくひどいけんかになる。

いつだったか、「文ちゃんは、ぼくが怒りだすまでからんでくる」と言われ、それはいつも自分がしていることじゃないかと思った。もしかしたらお互いさまで、彼には彼の言いたいことがあったと思うけど、月末になると同じことがくり返されるのが憂鬱だった。

『文学を探せ』は、文春の細井秀雄さん、現在、平山周吉の筆名で執筆活動をしている旧知の細井さんが編集長になって依頼された連載で、文芸誌に載った小説を右から左へとさばく定型化した文芸時評に異を唱え、文芸誌の外へと対象を探しに行った。毎回、出たとこ勝負で、自分に響く言葉を見つけようとする、文学へのあきらめと期待がないまぜになった、ドライブ感のある連載だった。

ポトラッチ（贈与）書評批判や、安原顯批判、沢木耕太郎の小説『血の味』批判と続き、物議をかもした。批判する「私」の姿かたちを明らかにするためか、連載の中盤以降は、かなり私的なことも書いている。

連載中に、元ダイヤモンド社社長の父嘉雄さんが、ある恐喝事件にかかわったとして書類送検される事件が起きると、その新聞報道やテレビの言葉をほぼ同時進行で取り上げている。嘉雄さんは恐喝に関与しておらず、不起訴処分になったが、続報をきちんと書いた社は少なかった。そのことが直接の原因とは言えないものの、すでに下降線をたどっていた嘉雄さんの事業は立ちゆかなくなり、莫大な借金を抱えてしまう。

彼が育った世田谷区赤堤の実家も借金のかたとして競売に付されることになり、取り戻すべく彼自身も入札に参加したけど、二番手に終わって、実家は不動産業者の手に渡ることになった。引っ越しの日は、ふたりで手伝いに行った。家具をあらかた運び出したあとの部屋で、段ボール箱の上に折りたたんだ段ボールを載せて即席のテーブルにし、近所で買ってきたオリジン弁当を食べたのがピクニックのようだった。

引っ越し先の下高井戸の借家に一家が落ち着いたあとで、渦中の嘉雄さんが、「『ちゃあ』〈義母のこと〉が新しい家を気に入ってくれてよかった」と、さらっと言った。相当ひどい状況になっているのに悲壮感がなく、言い訳もせず、あれはカッコよかったねと、家に戻ってふたりで語り合った。ツボちゃんが好きな散文精神というのはこのときの嘉雄さんみたいな態度を言うのかもしれない。

何より忘れられない記憶は、連載を書き終えてすぐ、彼が新宿でヤクザ風の男に暴行を受け、二カ月近い入院生活を余儀なくされたことだけど、そのときのことは別に書く。

仕事場にあった『文学を探せ』には、同世代の作家で早逝した永沢光雄さんが新聞に書いたコラムのコピーがはさまれていた。永沢さんは、〈思うにこの本は、文学評論という形をとった著者の逆るまでの私小説である〉と書いている。

『『別れる理由』が気になって』は、連載中も、本になってからも、どうしても読む気になれなかった。

連載が始まったのは二〇〇二年五月号で、同じころ、前妻神藏美子さんの写真集『たまもの』（筑摩書房）が刊行された。『たまもの』には、神藏さんと神藏さんの現在の夫である末井昭さん、坪内祐三との三角関係が写され、心境をつづった文章も載っている。

彼が亡くなってはじめて『別れる理由』が気になって』を読み、長いあいだ避けてきた理由に思いいたった。

実際に読んでみると、この本はオーソドックスな文芸評論で、私的な要素はまったくなかった。『たまもの』が出て、たぶん私は、彼の『たまもの』に対する反応がにじみ出てくるのではないかとおそれたのだと思う。

『たまもの』についても改めてふれるが、私のなかではすでに過去になっていた彼らの三角関係が、突然、目に見えるかたちをとって現われたことで動揺し、ひどく混乱した。この本が出たあと、私には彼が何を考えているのかわからなくなってしまい、激しいけんかをするようになった。

『『別れる理由』が気になって』も、連載が一度、中断している。二〇〇二年五月号から始まり、ひと月おいて七月号から十二月号まで書いて中断。二〇〇三年四月号から再開している。

『別れる理由』は、「群像」誌上で十年以上も続き、作者小島信夫が〈読者が三人（注・著者と編集者と校正者）しかいない〉と自嘲したと言われる全三巻の大長編小説である。『別れる理由』が気になって』は、小説の〈停滞した〉時間と、小説が文芸誌に連載されていた時間を往還しながら、この作品がどのような問題意識で書かれているのかを緻密に読み解いていく。

『別れる理由』はまた、妻とアメリカ兵との姦通をテーマにした小島の『抱擁家族』と、〈ネガとポジの関係〉にあるという。主人公の前田永造の前妻の姦通ではなく、永造が後妻の友人とひそかに関係を持っていた過去に焦点が当たる。中盤以降は、小説の主人公が作者に電話をかけてくるなど実験的な内容になり、連載されているあいだの時間も小説に流れ込んでくる。小説の中の複雑な時間の流れに身を浸し、そこから抜け出すことのくりかえしに、ひどく消耗するようだった。

連載が中断した理由として、本人は、〈読者が三人しかいない〉小説についての評論を書くことに、〈どこに読者がいるのだろう〉と思ったこと、さらに二〇〇三年に「群像」が大々的にリニューアルし、そのリニューアルを〈支持しない〉と考えたからだと書いている。そのあいだ、前妻が出した写真集について、後妻である私にがんがん責め立てられていたわけだから、ますます疲れてしまったのだろう。

二〇〇三年の「新潮」一月号に、小島信夫の短編「青ミドロ」が掲載され、その中で『「別れる理由」が気になって』についてのこんな一文が書かれていた。

そのうち、坪内さんは呆れて、小説散策を放棄してしまうかも分らないが、私は続くあいだ、おずおずと、ページを拡げ、恥かしさに逃げ出す用意もして、斜めにのぞくことでしょう。（中略）私は坪内さんが待遠しい、という思いもあります。

まるで〈坪内さん〉の休載を予期して書かれたかのようだ。このままフェードアウトしそうだったのに、〈呆れて、小説散策を放棄してしま〉ったと小島さんに思われてはいけないと気を取り直して連載を再開、ひとりの読者にむけて最後まで書き続けることができた。

小島さんは、『「別れる理由」が気になって』が出た後にも「群像」に、「何という面白さ！　『「別れる理由」が気になって』を読んで」を発表、そこでは、〈ぼくは『「別れる理由」が気になって』は、ぼくの好みに合った〈小説〉の見本だと思う〉〈ぼくの知人は、タメ息をつきながら、『別れる理由』がこんなに面白いものだったとは、といっている。それから一息ついて我に返り、プラス・アルファのおかげだけど、という〉と書いた。

〈小説〉の見本、というより、フルネームではなく終始〈坪内さん〉とだけ書かれる『「別れる理由』が気になって』の著者も、『別れる理由』の一部として、小説に取り込まれていくようだった。

第四章　雑誌小僧

『私の体を通り過ぎていった雑誌たち』という本を出したぐらいツボちゃんは雑誌が大好きで、三軒茶屋の自宅にも、歩いて五分のところにある仕事場にも、膨大な量の新旧さまざまな雑誌がのこされている。

雑誌に育てられ、読むのも編集するのも好きな自分のことを、「雑誌小僧」とか、「編集小僧」と呼んでいた。

「野球小僧に逢ったかい〜♪」という灰田勝彦の歌からきていると思っていたけど、『文庫本を狙え！』を読み返していて、山田風太郎『半身棺桶』を取り上げた回で、『阿佐田哲也の怪しい交遊録』の「山田風太郎さん」という項に、阿佐田哲也こと色川武大が、自分は〈小さな娯楽雑誌の編集小僧〉だった、と書いているのを引用している。そうか「編集小僧」は、色川武大由来だったのか。

二〇一一年にやめるまで、私は朝日新聞の文化部と週刊誌の編集部を行ったり来たりしていた。「ＡＥＲＡ」から文化部に戻って、二〇〇三年には「週刊朝日」に異動になった。「週刊朝日」は初めてで、編集局の記者が多かった「ＡＥＲＡ」に比べて出版局出身の人が多く、そこで記者ではなくいきなりデスク（副編集長）をやることになり、やっていけるか不安だと会社から仕事場にいる彼に電話したら、「それはいいよ。面白いよ」と手放しで喜んでくれた。

「週刊朝日」と彼とのあいだにはちょっとした因縁があった。「週刊朝日」には「週刊図書館」という書評欄の伝統があり、丸谷才一さんたちが健筆をふるっていたが、九〇年代はじめに丸谷グループがいっせいに毎日新聞書評欄に移籍してしまい、そのあとの「週刊図書館」リニューアル第一号で、山形浩生さんたちと一緒に彼は書評を書くようになったのだ。「週刊図書館は書評のヒノキ舞台だったんだよ」とツボちゃんはよく言っていた。それだけに、張り切って書評を書いたけど、二〇〇〇年代に入るとまったく縁が切れていた。ある本の好意的な書評を書いてその本の著者と仕事をする、一部の執筆者に注意したほうがいいと書評担当者に言ったら、自分が切られてしまったという。

「雑誌小僧」は過去の因縁などまったく気にせず、「週刊朝日」にふさわしい企画を次々、考えてくれた。イラクのアブグレイブ刑務所で、米軍兵士が収容者を虐待していたと「ニューヨーカー」で報じられると、「常盤新平さんに『ニューヨーカー』の戦争報道の歴史を書いてもらえばいい」と言う。常盤さんにとっても関心事だったようで、遅筆で知られる作家が数日で書き上げてくださった。

「『靖国』新宮司インタビュー」というのもツボちゃんの提案である。送られてきた靖国神社の機関紙で新宮司の経歴が元電通マンと知り、「このひとなんだか面白そうだから取材してみたら?」とすすめられた。編集部の同僚が取材したところ、明仁天皇(当時)や美智子皇后(同)と靖国神社とのかかわりについても踏み込んで語る面白い読みものになった。

「横山秀夫さんと大リーグを観に行く」というのも彼が言いだしたことだ。二〇〇四年春、大リーグの開幕戦が東京ドームで行われることになり、「横山さん、松井(秀喜)の大ファンだから観戦記を頼んでみたら。もと新聞記者だし、絶対ルポも上手だと思う」と言う。

人気作家にいきなり取材記事を引き受けてもらえるか、おそるおそる電話したところ、奇跡的に横山さんのOKが出た。直前の申し込みで記者証が一枚しか取れず、グラウンドの入口までお送りして現場では横山さんひとりで動いてもらうという大変申し訳ないことになってしまったが、さすがはもと敏腕事件記者、こころを揺さぶるすばらしい観戦記に仕上げてくださった。

エンターテインメント小説を読まない彼が、なぜ横山さんは松井のファンだと知っていたかというと、月の輪書林さんたち仲のいい古本屋さんが「横山秀夫はいいよ」と言うのを聞いていていたからだ。ふだん現代小説に関心のない彼らをここまで熱狂させるには何かあると感じ、それから横山さんの記事をチェックするようになったらしい。

元上毛新聞記者だが東京生まれであることや、出身高校、大学なども、一度も会ったことがないのによく知っていた。横山さんの大学時代の、ちょっと突っ張った感じで撮られた写真を雑誌で見ていて、「あの人はたぶん、作家の中でいちばん喧嘩が強いんじゃないかな?」と推測していた。

月の輪書林の古書目録に、昭和天皇の学習院初等科時代の担任の日記が出ているのを見つけ、「これ『週刊朝日』向きなんじゃない?」と教えてくれたこともある。確かに面白そうだが、百万円の値段がついている。購入を迷っていると、「自分も読みたいから半分出すよ」と背中を押してくれた。

この先生は希代の記録魔で、昭和天皇の在籍する組で起きたさまざまな事件を書き留めていた。同級生が万引き事件を起こして退学になったことや、昭和天皇の字がかなりへたで、将来を考えると心配になることなどのエピソードが細かく書かれ、遠足のしおりなどもページの間にはさまれていた。

学友の一人が百歳を越えて存命で、その人にも取材して、面白い記事に仕上げることができた。残念ながら週刊誌の売れ行きには結びつかなかったが、『昭和天皇実録』を編纂中の宮内庁の書陵部をはじめ、さまざまなところから問い合わせや読みたいという申し出があった。「読みたいという研究者にはコピーをあげたらいいから」と彼は太っ腹なところを見せ、公刊された『昭和天皇実録』にもこの日記からの引用がある。

そんなふうに何かと協力してくれていたのに、ある時うっかり、「でもあなたは週刊誌やったことないじゃない」と言ってしまった。前後のやりとりは忘れたけれど、事件報道で何か気に障ることを言われ、つい口に出たのだと思う。

しまったと思い、すぐにごめんと謝ったけど、彼の怒るまいことか。「誰に向かってものを言っているのか」ぐらいの気持ちだっただろう。その後も何度か、「ぼくは週刊誌やったことがないですからね……」と言われてそのたびに平謝りしたけど、忘れてくれなかった。

のべつまくなし本を買っているように見られたツボちゃんだが、じつはほんとうにほしい本、必要な本しか買わないことを心がけていて、自分がよく利用する世田谷区立中央図書館や早稲田大学中央図書館で見られるものはなるべく手元に置かないんだ、と口ぐせのように言っていた。

蔵書家の中ではそれほど多くないというだけで、ふつうの人に比べたら、ずいぶん買っていたとは思うけど、たしかに禁欲を心がけているようではあった。

そうした日ごろの抑制がはずれてしまうのが雑誌で、定期献本されるもののほかに、相撲雑誌やプロレス雑誌、音楽雑誌やタウン誌、食べもの雑誌、各種ミニコミなど、さまざまな分野の雑誌を、新刊、古本問わずよく買ってきた。

たまに、古雑誌をどさっと箱買いすることもあった。

数年前には、「週刊朝日」の、昭和三十年代半ばに出た五百冊以上を古書目録で買い込んだ。

前もって聞いてはいたけど、古い週刊誌が十箱ぐらい段ボールで送られてきたときにはめまいがした。仕事場にはもうスペースがないから自宅を送り先にしたようだが、どこに収納する気なんだろう。玄関脇のストックルームに入れると言っているが、小さなストックルームは、すでに本でほぼ満杯である。

ストックルームの、ものを取り出すために必要なすきまにいくつか段ボールをむりやり押し込んで、収まりきらなかったぶんは、恐れていたとおり居住スペースに置かれることになった。

本好きの人は身に覚えがあると思うが、本や雑誌を床に直置きするようになると、無尽蔵に収納スペースが広がったかのような錯覚が起きてきわめて危険である。掃除ができなくなるので、できるだけ床置きはしないでくれとくどくど頼んでいたので、初めのうちは段ボールに入れたままにしていたが、段ボールから取り出された雑誌は次第にリビングの床に広がり、ソファの周囲に積まれるようになっていった。こうなるとソファも簡単には動かせなくなり、どんどんほこりがたまってしまう。

私は子供のころ喘息持ちで、しょっちゅう医者にかかっていた。成長するにしたがって出なくなっていたのが、ここ数年、風邪をひくと気管支炎を起こすようになっていた。息ができなくなって、夜更けに救急に駆け込んだことも二度あり、医者に言われて、ふとんを羽毛ではなく洗濯しやすい化繊のものに、ソファも布張りから革のものに変えたりして用心していた。そのさなかにどさっと送られてきた古雑誌の箱に身の危険を感じた。

私の思いをよそに、ツボちゃんは床にぺたりと座り込んで、たのしそうに一冊一冊ページをめくっている。

「この時期の『週刊朝日』はものすごく面白いよ」と興奮気味で、でもさすがに全部保管しておくスペースはないと悟ったようで、興味のある記事を破ってクリアファイルに収めていく作業を根気よく続けていた。そのころ、私はNHK大河ドラマの「いだてん」が好きで、毎週欠かさず見ていたのだが、「はい、これ」と主人公の金栗四三が熊本の自宅書斎でくつろぐグラビアを手渡された。

「週刊朝日」の整理が終わらぬうちに、今度は「話の特集」を一括で購入した。

二〇一九年に出た南伸坊さんの『私のイラストレーション史』を読んで、「話の特集」への興味が再燃したらしい。それまでも古書市で興味のある号を少しずつ集めていたが、和田誠さんがアートディレクターをつとめた「話の特集」の、その後の雑誌にビジュアル面で与えたインパクトを知り、ダブりを承知で申し込んだものだった。

「銀座百点」「あまカラ」「洋酒天国」「風景」「ぴあ」など、集めた古雑誌はほかにもたくさんある。雑誌は図書館では合本に製本されていることも多いので、自分で買って、一冊ずつ手にとれる状態で読むのが好きだった。古雑誌の山は、その時代の精神史、人びとの関心事や感じかたを探ろうとしていたツボちゃんにとって、いつでも気軽に乗り込めるタイムマシンのようなものだったのだろう。

なんでもとっておくツボちゃんが残した膨大な遺品のなかに、「文藝春秋」の入社試験の案内ハガキがあるのを見つけたときは胸をつかれた。

自分を「雑誌小僧」だと言い、そのなかでも「文春小僧」を任じていたのに、彼は第一志望の文藝春秋を筆記試験で落ちて、大学院に進んでいる。「井上ひさしさんの直木賞受賞作『手鎖心中』の〝鎖〟の漢字が書けず、『手ぐさり心中』って書いたら落ちた」とか、「ドラフト一位か二位、文春を逆指名するぐらいのつもりでいたのに、ドラフト自体に進めなかったんだよ」とか、いつも面白おかしく話していたけど、やっぱり残念だったんだろう。

修士を修了しても就職は決まらず、一年半のニート時代をへて、ダイヤモンド社会長であった父親のコネで、雑誌「東京人」の発行元である都市出版に入れてもらったというのは、自分で何度も書いている。

二十九歳で編集未経験の新人は、「東京人」で走り使いのようなこともしたらしい。デザイナーの菊地信義さんの事務所に版下を取りに行き、「はい、これ写植」と渡されたのに、「版下」をもらうまでは、と帰らず、「あの、版下を……」と言うと「さっき渡したでしょ！」と呆れられたそうだ。「『写植』が『版下』と同じもののことを指してるって知らなかったんだよね」と「雑誌小僧」は白状した。「菊地さん、ちょっとアタマが足りないやつが来たと思ったみたいよ」

「東京人」で働くようになったころの彼の手帳には、「高階氏御自宅にお電話」などと、ていねいに約束が書かれている。自分しか見ないメモなのに、「御自宅」「お電話」と楷書で書いてあるのが、ういういしくてけなげだ。

都市出版を立ち上げた粕谷一希さんは、元「中央公論」編集長で、彼が言うには「中央公論出身か東大出しか信用しなかった」。そのどちらでもなかったツボちゃんは、はじめは戦力外で、大事な作家の連載担当はやらせてもらえなかったらしい。

半年早く入社した六歳年下の同僚が作家を担当しているのを横目に、東京都のごみ問題を取材したり、粕谷さんが主催する朝食会の手伝いをさせられたりした。「いま思えばぜんぶ勉強になったけど、当時は同僚のことがうらやましかったね」

それでも少しずつ、山口昌男さんや常盤新平さん、中野翠さん、亀和田武さんといった書き手に信頼されるようになり、彼らとの個人的なつきあいは、「東京人」をやめてからもずっと、変わることなく続いた。

創刊まもない「東京人」は、いまほど知られておらず、取材や寄稿を申し込んでも断られることは少なくなかったらしい。読者としてずっと好きだった書き手から、東京都から金をもらっている「東京人」は嫌いだから書かない、と断られることもあったという。

だからツボちゃんは、新聞記者としての私の仕事のすすめかたや人とのつきあいかたを苦々しく思うこともあったようだ。

ドイツ文学者の種村季弘さんを彼は大好きで、中でも『書物漫遊記』を愛読していた。影響されて私も種村さんの本を読むようになり、真鶴のご自宅まで取材に行ってお酒をごちそうになって帰ってきたり、新聞の書評委員への再登板をお願いしたりした。

種村さんが亡くなる年の夏だったと思う。暑中見舞いに、またお目にかかれますようにと書いて出したら、書評委員会で来社していた種村さんが、きょうなら飲みに行けますよと担当記者を通して連絡をくださった。おなじ書評委員の与那原恵さんも誘って、種村さん行きつけの赤坂のバーに連れていっていただき、贅沢な時間を過ごした。

思いがけないなりゆきに興奮したまま帰宅、きっと面白がってくれると思って、種村さんに飲みに連れていってもらったと話したら、ツボちゃんはみるみる不機嫌になった。「そういうのは好きじゃない」と言う。そういうのというのは、新聞記者独特の人との距離のつめかたで、雑で、ずうずうしいということらしい。

私が無理に頼んだんじゃなくて、きょう種村さんが連絡してくださったのは、その前に私がハガキを出していて、たまたまうまい具合にタイミングが合って、と順を追って話すと、不機嫌は次第におさまった。そこから「東京人」時代の思い出になったと思う。

自分は、愛読していた作家になかなか原稿を依頼することができなかった。そもそも任せてもらえなかったし、任せてもらうようになってからも、「東京人」の力は弱く、敬遠されることも多かった。

不機嫌の理由を、自分でもうまく説明できず、当時のあれこれを思い出して悲しい気持ちになったのかもしれない。種村さんは、彼が編集者として担当したかった作家のひとりだった。「東京人」時代に種村さんを囲む宴会があり、帰りみちで二人きりになったが、軽くもう一軒行きませんか、と誘えず、二人で飲む〈千載一遇のチャンスを逃した〉と、種村さんが亡くなったあとで、「クイック・ジャパン」に連載した『東京』（太田出版）に書いている。

『古くさいぞ私は』を出したあと、種村さんは、「住所がわからないから」と晶文社気付で心のこもった礼状をくださった。

1990年代初め「東京人」を辞めた頃 右・山口昌男氏

せっかく入った「東京人」をツボちゃんはわずか三年で辞めている。伝説の編集者であるボスの粕谷さんだが、しょっちゅう人を見込んでスカウトし、見込み違いですぐクビ、といったことが何度かあったらしい。もっとも、そういうアバウトなところのあるひとだから、二十九歳まで職についたことのない坪内青年を採用してくれたのだろう。

そのときも、ある有名編集者をスカウトし、一方で、ツボちゃんの仲の良い後輩がクビになるという事件が起きた。思い余って粕谷さんに意見したところ、逆に、みんながきみのことを怖がっていると言われ、その場の勢いで辞めてしまったのだ。

結果的には、フリーランスの編集者をへてもの書きになり、退社後を「第二次ニート時代」と面白おかしく言ったり書いたりするようになったけど、内心では複雑な思いがあったようだ。

彼が亡くなったあとで、松沢中学の同級生の人たちと話をする機会があった。そのうちの一人が、「第二次ニート時代」のツボちゃんと、山口昌男さんと一緒にテニスをしたことがあったと言う。テニスをしたあとそのまま誰かのお通夜に行くという山口さんが、三軒茶屋の西友で喪服を買うのにつきあい、あわただしく見送ったあとで、同級生の彼が、いつまでもこんな、便利に呼び出されていいように使われてたらダメなんじゃないか、と言ったのだそうだ。

「おまえみたいなつまんないサラリーマンに何がわかる」と言って、彼はものすごく怒ったらしい。山口さんとの関係の深さも知らず、悪いこと言っちゃった、とそのひとは言うのだが、よほど痛いところを突かれたのだろう。

山口さんとの濃密なつきあいを通していまのツボちゃんはつくりあげられたわけだから、反論したくなる気持ちはもちろんわかるが、自分でも不安な気持ちを必死に抑え込んでいたから、余裕がなくて、そこまで怒った気がする。

私が粕谷さんに初めて会ったのは、二〇〇〇年八月に中川六平さんの『「歩く学問」の達人』（晶文社）が出た出版記念会で、会場となった神田の「みますや」には、この本で取材されている鶴見俊輔、山口昌男、粕谷一希といった錚々たる顔ぶれが集結していた。

中央公論社に深いかかわりのある鶴見、山口、粕谷の三人が、奥の座敷で肩を寄せて話しこんでいるのを見て、「出版文化史的にこれは貴重な風景なんじゃない？」とツボちゃんも感慨深そうだった。

機嫌よく酔っ払った粕谷さんが帰るところで私は改めて紹介され、坪内の配偶者です、とあいさつすると、「この男は裏切るぞ！」と言われた。びっくりしながらも、酔っ払いのコントみたいにぐにゃぐにゃになった粕谷さんをタクシーに押し込み、どちらまで、と聞くと、……んごく！　と言う。千石ですか？　と聞き返すと、天国！　と叫んでいた。

ツボちゃんは「なんでそんなこと文ちゃんに言うんだろう。粕谷さん最低だな」とたちまち機嫌を悪くしたけど、粕谷さんにとってもツボちゃんの突然の退社はショックだったんだな、と感じるできごとだった。粕谷さんは粕谷さんでずっと気にしていたのだろう。ふたりのあいだのわだかまりがとけるには、「みますや」での再会からさらに十年ぐらいかかっている。

第五章　人間おたく

ツボちゃんは昭和三十三年生まれで、このあたりの年齢のひとたちは、「おたく第一世代」と言われている。

昭和三十三年前後生まれのもの書きでは、大塚英志、岡田斗司夫、宮台真司、みうらじゅん、山田五郎といった人の名前が頭に浮かぶ。「おたく」の名付け親とされる中森明夫さんが昭和三十五年生まれだ。

「おたく第一世代」の経験や記憶を共有していることは認めつつ、ツボちゃんは、自分はおたくではないと、くりかえし口にしていた。

古本、映画、プロレス、ロック、相撲、野球と、彼が好きなものを挙げて、対象へののめりこみかたを考えれば、とくに最近の相撲への耽溺ぶりは、何事にもサラッとした興味しか持てない私などからはじゅうぶんおたくだと思えるが、本人からするとそれは違うということらしい。

どこがどう違うのか。あらたまって聞いたことはないけど、タコツボのようにひとつのジャンルをひたすら掘り下げるのがおたくだとするなら、関心領域を掘り下げつつ、いろんなジャンルへの関心がそれぞれつながりあって、タコツボからのびた触手が網の目を編んでいくようなありかたが、特定ジャンルのおたくとは違っていると言いたかったのではないかと想像している。

おたくではないと言い張った彼が唯一認めたのが、「自分は人間おたくである」ということだった。

相撲でも野球でもプロレスでも、好きなジャンルの選手（や力士の）名鑑や、データブック的出版物が、ものすごく好きだった。相撲なら場所前、野球ならシーズンの幕開けに、目が悪くなりそうなほど小さい活字を読み込んで、本番に備えた。本名、生年、出身地、身長、好きな食べ物。それを知ってどうするの、と言いたくなるデータをこまめにインプットして試合を楽しむのだ。彼と一緒に国技館で相撲を見物したことのある人は、「あの人は兄弟が○○で」とか、「△△と高校が一緒で」とか、目の前の取組に直接関係ないうんちくを聞き取りにくい早口であれこれ聞かされ、ちょっとうんざりした経験を持っていると思う。

現役力士だけではなく、親方や行司、呼出、床山のデータもどんどん蓄積していく。

週刊誌にスキャンダルを書かれ、失職した立行司がいた。差し違えも多く、立行司としての資質にツボちゃんはかねて批判的だったのに、職を失ったその人が国技館に併設された相撲博物館の受付に再就職が決まった、という小さな記事を、雑誌「相撲」のうしろのほうのページに見つけて、「よかったね。人を切り捨てずに身内で守っていくところが、世間からは批判されるだろうけど相撲協会のいいところなんだ」と評価していた。

やっぱりおたくじゃないかと言われそうだ。私だってそう思う。けれども、でもたしかにちょっと違っているかもしれないと考えるようになったのは、スポーツや音楽といった特定のジャンルに限らず、あらゆる分野で、膨大な数の気になる人物のデータが、長年にわたって彼の中に蓄積され、日々更新されているらしいことに気づいてからだ。

松島みどりという政治家がいる。

元朝日新聞記者で、法務大臣をつとめたこともある自民党の代議士だ。赤い勝負服をはじめとして、政策以外のところで何かと話題になる人でもある。最近では、賭け麻雀で辞職した黒川弘務検事長の処分をめぐり、法務委員会で野党からの質問に立ち往生する森雅子法相(当時)に、法務委員長として「大臣、分からなければ、後ろのかた全部教えてあげて」と言うなどして、妙な角度から存在感を発揮していた。

ツボちゃんは、彼女が東大に合格したころから注目していた。早稲田大学のサークル誌「マイルストーン」で、彼女について秀逸なコラムを書いている。

その「マイルストーン」が見つからず、二十年前に読んだ記憶で書くが、松島氏が『私の東大合格作戦』に寄せた「一に東大、二に東大……」という合格体験記の強烈な文章を引用しながら書かれた、現在の政治家としての彼女の姿を予見させるみごとな読みものだった。彼女が東大応援部のバトントワラーとして週刊誌の取材を受け、朝日新聞社に内定したことまで書かれていたと思う。

六、七年前に、「フライデー」がこの『私の東大合格作戦』のことも含めて松島氏を記事にしていた。ツボちゃんは「いまごろ遅いよね」と言ったけど、むしろツボちゃんが早すぎて、本人と朝日新聞関係者以外は「誰それ？」という感じだったと思う。

松島氏だけでなく、あらゆる分野の、あらゆる年代の人について、何かが自分の感覚に引っかかると記憶を開始し、その人に関する情報を自然と集めるようだった。対象の数を数えることはできないけれど、千人、二千人ではきかなかった気がする。ひたすら情報がインプットされ、網のすきまがどんどん埋められていく。何かの研究に役立てようとかそういう意図はなく、松島みどりにくわしくなっても何の役にもたたないことは、たぶん坪内青年にもわかっていたはずだ。ただただ好きでやっていて、誕生日おたくの林家ぺーさんに、同類としての親しみを感じていた。

とはいえ、膨大な蓄積が役に立つことも時折あって、たとえば、講談社エッセイ賞を受賞した『慶応三年生まれ　七人の旋毛曲り』は、夏目漱石、宮武外骨、南方熊楠、幸田露伴、正岡子規、尾崎紅葉、斎藤緑雨が同い年であるという、人によっては、「それがどうした」と言われてしまいそうな、「人間おたく」ならではの着眼から生まれた作品だと思う。

「東京人」時代、高齢の筆者と話していて固有名詞が出てこないようなとき、「おたくのあれが、あれのときあれして……」と話しても、「うちの粕谷が『中央公論』編集長のときですね」と「あれ」をすべて埋めることができて喜ばれた、という自慢話を聞いたこともある。

「人間おたく」だから、誰かを評するときに、「あの人は人間に興味がない」という言い方をしていた。もちろん否定的な意味で、ほめ言葉としては「ゴシップ的感受性がある」を使った。

彼が敬愛した作家の常盤新平さんは、すぐれた「ゴシップ的感受性」の持ち主で、常盤さん夫妻と、元講談社の大村彦次郎さん夫妻、梶山季之が主宰した雑誌「噂」の編集長だった高橋呉郎さん夫妻がツボちゃんと私とを誘ってくださって、八人で時折、食事会をしていたことがある。

常盤さんは元早川書房の「エラリイ・クイーンズ・ミステリ・マガジン」編集長、大村さんは「小説現代」と「群像」の編集長を歴任、高橋さんは光文社「女性自身」をへて「噂」と、それぞれに、雑誌が光り輝いていた時代を経験したかたたちである。夫人もその時代の記憶を共有しておられるので、出版界のさまざまな話題で話がはずんだ。

子供の世代にあたるツボちゃんは、いろんな質問をはさみながら熱心に話を聞いていた。たまに、先輩諸氏が知らないことを本で読んで知っていたりしたし、最近のことを聞かれたりもしたが、もっぱら自分がいあわせていない黄金期の出版界の、編集者の逸話を聞き出していた。

本人が何度か書いていることだが、二〇〇二年に常盤さんの『山の上ホテル物語』の出版記念会が山の上ホテルで開かれたとき、ツボちゃんが司会を引き受け、私も一緒に出席した。大村さんや高橋さんが到着してバーで飲んでいると、野坂昭如さんがやってきた。「文學界」に連載していた『文壇』で泉鏡花文学賞を受賞、各文芸誌の新年号に久しぶりに短編を書く約束があって自主的にカンヅメになっているとのことで、飲んでいる場合ではないのに、大村さんをはじめ、昔なじみがそろっているのでそのまま飲み出してしまった。

時間になって、大村さんたちが出版記念会の会場へ移動しようとすると、普段着のジャンパー姿の野坂さんも一緒に移動する。大村さんが「あなた招待されてないでしょう?」とからかうが、「いや、おれは出席に○をつけてハガキを出した」と言い張っている。主役の常盤さんが、「私、野坂さんに招待状出してません……」と小声で言う。

楽しくなった野坂さんは、山の上ホテルから歩いてすぐの、神保町の焼き鳥屋「八羽」で開かれた少人数での二次会にも参加した。「野坂昭如……？」とお店の奥さんが驚いていた。大村さんが「泉鏡花賞おめでとう」と杯を上げると、野坂さんもうれしそうに杯を合せる。すかさず大村さんが、「五木寛之は菊池寛賞だけどね」と言い、野坂さんがぎゃふんという顔をする。持ち上げたり下げたり、呼吸の合ったやりとりがなんとも楽しそうで、「いいものを見せてもらったね」とツボちゃんは興奮していた。

作家の亀和田武さんもまたすぐれた「ゴシップ的感受性」の持ち主で、「ダカーポ」「本の雑誌」「彷書月刊」などの雑誌で何度も対談、ツボちゃんが編集同人の「ｅｎ－ｔａｘｉ」での対談は、『倶楽部亀坪』（扶桑社）という一冊の本にまとまっている。

亀和田さんとは、たまに長電話をして、最近読んで面白かった本や雑誌の記事、テレビや音楽などのよもやま話をしながら、たがいの「ゴシップ的感受性」に磨きをかけていた。

彼が亡くなって弔問に来られた亀和田さんが、「昔、新宿の酒場でツボちゃんと話しこんでたら、北島（敬三）さんに、『おまえら固有名詞の話ばっかりしやがって』って怒られたことがあったんだよな」と思い出して言われたのがおかしかった。

たしかに彼らの話にはいつも固有名詞がポンポン飛び交った。それも、有名な人ばかりでなく、知る人ぞ知るであったり、知る人がほとんどいない人だったりするので、そんな細かい話ばかりして何がおもしろいんだと北島さんはイライラしたのだろう。

雑誌に掲載される集合写真のキャプションで、「一人おいて」と飛ばされる人がいる。作家の場合だとたいていは編集者や無名の書き手で、そういう「一人おいて」とされるような人の隠された仕事のようなものに彼らの関心は向きがちだった。


全然、聞いたこともない名前について、彼が突然、「ユリイカ（わかったぞ）！」という感じで話し出すので、それ何のこと？　それって大事なの？　と思ったことが私にもある。

二〇一九年の秋口のこと、いつものようにソファに寝転んで本を読んでいたツボちゃんが突然、「桂雀々は『花より団子』だったのか！」と叫んだ。

桂雀々はかろうじてわかるが、「花より団子」は人の名前なのか？　それは、叫び出すほどの発見なのだろうか。

そのとき読んでいたのは、素人参加型の人気番組「ぎんざＮＯＷ！」について書かれた『テレビ開放区』（加藤義彦著、論創社）という本で、「花より団子」というのは、その中の「しろうとコメディアン道場」のコーナーに出場して勝ち抜きチャンピオンになった天才少年だそうである。

「花より団子」は当時、大人気で、ツボちゃんの上の弟もファンだったという（けれどもあとで義弟に聞くと、本人はそのことをすっかり忘れていた)。その「花より団子」は渡辺プロから誘いを受けるが芸能界入りを断り、いったんテレビから消える。その後、桂枝雀の弟子となり、落語家桂雀々になった。そこまで聞いてようやく、話のおおすじがつかめた。

年末のある日、「このテレビ観ようよ」とツボちゃんが言う。

それは、NHKで放送される、「贋作　男はつらいよ」についての山田洋次監督のインタビュー番組だった。

「東京人」時代、「車寅」というペンネームを使っていたぐらい、彼は「男はつらいよ」が好きで、五十周年を記念してつくられた岡田惠和脚本のテレビドラマ「少年寅次郎」も熱心に観ていた。ちなみに岡田さんは、NHKの朝の連続テレビ小説「ひよっこ」で、漫画家の卵のコンビの片割れを「坪内祐二」という名前にしてくださったので、喜んだツボちゃんは朝から「祐二」の登場シーンを追っていた。

「『贋作　男はつらいよ』の主役は桂雀々なんだって。山田監督すごいよね。桂雀々は、ある意味、渥美清以上に『寅さん』的な生い立ちの人なんだから」

天才少年「花より団子」の消息が四十数年ぶりに判明したあと、彼は、桂雀々の自伝『必死のパッチ』(幻冬舎文庫)も手に入れて熱心に読んでいた。母が出奔して父にも捨てられ、十二歳から一人でサバイバルしてきた、その壮絶な人生を知って、いろいろ感じるところがあるようだった。ちょうどそのタイミングで山田監督による主役抜擢を知ったものだから、興奮しないはずがない。

「贋作　男はつらいよ」の寅さんは大阪生まれで、東京・柴又に代わって大阪・石切神社の参道が舞台になる。ドラマ「少年寅次郎」で少年時代を描き、映画「男はつらいよ お帰り 寅さん」では過去のフィルムを新作に織り込んで、さまざまなかたちで「寅さん」を現代によみがえらせる企画のひとつだった。

山田監督のインタビューでは、桂雀々が自分の落語会のポスターで「男はつらいよ」の扮装をする許可を律儀に求め、その後送られてきたポスターを見た監督が、「贋作　男はつらいよ」への起用を決めたということだった。ツボちゃんが想像した彼の生い立ちではなく、風貌が決め手だった。桂雀々のせりふはちょっとぎこちなかったけど、寅さん姿がよく似合っていた。

ツボちゃんは、「その人の顔をつくるのは、生い立ちも含めたすべてだから。山田監督、さすがだね」と「人間おたく」ならではのへんな感心のしかたをしていた。

年が明けて一月五日、「贋作　男はつらいよ」の第一回の放映があり、二人で一緒にテレビを観た。彼の絶筆は、一月十二日午後に書いた、「サンデー毎日」のテレビコラムの「贋作　男はつらいよ」を取り上げた回で、「花より団子」のその後の人生を知った驚きについてもそこには書かれている。

ツボちゃんが亡くなってから、「男はつらいよ」で東野英治郎が演じた寅次郎の恩師の名前が、「坪内散歩」だと知った。坪内逍遥からの連想だろうけど、私はこの名前からどうしてもツボちゃんを連想してしまう。

第六章　死にかけた日

二十年前に一度、ツボちゃんは死にかけている。

二〇〇〇年の十一月二十九日の未明、彼は新宿の路上で殴る蹴るの暴行を受けて東京女子医大病院に救急搬送され、あやうく一命をとりとめた。

二十八日は、仕事の打ち合わせで筑摩書房の松田哲夫さんと飲みに出かけたはずだった。いつもより少し遅い時間に、ツボちゃんから電話がかかってきた。

ぼんやりした声で、「ヤクザにボコボコにされた」と言う。

びっくりして、何があったの？　いまどこにいるの？　と聞いても、「わからない」としか言わない。「財布取られちゃった。タクシーで帰るから、お金用意しといて。銀行に電話して、カード止めといて」。それだけ言って電話は切れた。

当時、彼は携帯電話を持っていなかったので、私のほうから連絡を取ることができない。とりあえず指示されたとおり、銀行とカード会社にそれぞれ電話して利用停止にしてもらい連絡を待った。たぶん、タクシーの運転手の携帯を借りて電話してくるだろうから、それから下に降りて行けばいい。

そう思って待機していたが、なかなか電話がかかってこない。新宿からでも銀座からでも、この時間なら自宅のある三軒茶屋まで、タクシーで三十分もすれば帰ってこれるはずなのに。自分がいる場所がわからない、と言っていた。ヤクザに殴られた、とも言っていたから、ひょっとして、ひとけのない倉庫街とか、千葉の海のほうとか、土地勘のまったくない、遠いところまで連れて行かれて、放り出されたのだろうか。どんどん、悪い想像が膨らんでいく。

いい加減、待ちくたびれたところで電話が鳴った。

ツボちゃんではなく、新宿の交番からだった。「ツボウチさんの奥さんですか。だんなさんがケガをして救急車で運ばれたので、病院に行ってください」と、思いもよらないことを言う。あわてて病院の名前をメモした。曙橋の、東京女子医大病院。交番の人は、電話の最後に、「気持ちが動転しているから、深夜だけど自分で車を運転しないで、タクシーで行ったほうがいいですよ」と念を押した。

マンションの前の世田谷通りでタクシーを捕まえ、病院に向かう。入口のあたりに救急隊の人がいたので事情を言うと、ツボちゃんがいる場所まで連れて行ってくれた。

彼は、診察室の丸椅子におとなしく座っていた。

思ったよりも元気そうで、私を見て、ほっとした顔になり、ちょっと照れくさそうに笑った。長時間戦って負けたボクサーのような顔で、殴られた跡が変色しはじめていた。鼻もへんなかたちに曲がっている。

仕事の打ち合わせで、なんでこんなことになるのか。

その場でツボちゃんが話したことによると、「明治の文学」の打ち合わせで筑摩の松田さんと神保町で会い、その後、新宿に移動してゴールデン街のなじみの店で飲み続けた。午前一時をまわり、お開きにして、タクシーを拾うため靖国通りの横断歩道を渡ろうとした。通りに出てすぐ拾ってもいいのに、松田さんも自分も新宿の西側に住んでいるので通りを渡って拾ったほうがいい、と彼は考えた。

どんなに酔っていても、運転手に迷惑をかけないよう方向を考えてタクシーに乗ろうとするのがツボちゃんだ。ナンバーを読み取り、反対方向に帰りたいであろう車は避けようとした。どんな車でもいい、向きが違えば乗ってから方向転換してもらえばいい、と適当に考える私とはそれでよくけんかになった。

通りを渡ろうとして、すれ違いざまにヤクザ風の男に何か因縁をつけられ、とっさに言い返したら、いきなり顔にパンチが入った。「スコンとぶっ倒れて、そしたら、お腹を何度も踏まれちゃった」と、身ぶり手ぶりで話す。

ひどい目に遭ったのに、ぜんぜん落ち込んでないのが救いだった。少し安心したけど、彼の息から、嗅いだことのない、いやな臭いがする。アルコールの臭気や吐瀉物とも違う、下水のような、なんとも言えない臭いがただよってくる。

顔を殴られ、頭からも出血していたので、すぐ、脳の検査をすることになった。さいわい、脳に異常はないようだったが、顔は二カ所も骨折していた。

そのあと彼はＩＣＵ（集中治療室）に移され、私は病院の一室で夜を明かした。ＩＣＵのあった病棟は当時、すごく古くて、そこで待つよう指示された部屋は薄暗く、待合室というよりは物置みたいで、天井も斜めになっていた記憶がある。

朝になるのを待って、事情を聞くため松田さんの自宅に電話した。どうしてこんな状態の彼を置いて先に帰ったのだろうとふしぎだった。

寝ていたところを起こしてしまったのか、松田さんは、ふきげんだった。

ツボちゃんが暴行を受けたとき、松田さんは少し先を歩いていたらしい。後から来るはずのツボちゃんが来ないので、ふり返ると倒れたまま殴られているのが見えて、慌てて駆け寄ったところ、松田さんも殴られたのだという。肋骨にひびが入り、今日は会社を休みますと話す声が、いつも以上に小さかった。

私の声には、とがめる響きがあったかもしれない。あとになってツボちゃんが言うには、

「松田さんまで殴られちゃって、とにかく先に帰ってもらおうと思って、タクシーを止めて

帰ってもらったんだ」ということだった。あとに残ったのは本人の意思で、ツボちゃんと一緒でなければ巻き添えを食うこともなかった。松田さんには申し訳ないことをしたのだ、と思えるようになったのは、だいぶ時間がたってからのことだ。

松田さんを見送った後で財布がないことに気づいたが、幸い、ジャケットの胸ポケットに入れていた手帳は無事で、手帳にはさんでいたテレホンカードを使って私に電話したそうだ。交番から電話があったとき、タクシー運転手の携帯の番号も聞いていたので、翌日、お礼の電話をした。

タクシーに乗ったツボちゃんは、「三軒茶屋まで」と言ったが、血だらけの姿に驚いた運転手が、「お客さん、すぐ病院に行ったほうがいい」と、最寄りの交番に連れていってくれた。「お金がない」と言うと、「それは今どうでもいいから」と送り届け、交番で呼んでもらった救急車で、病院に搬送された。

タクシーに乗ってからのことは本人の記憶と少し違っているけど、運転手さんから聞いたのはだいたいそういう経緯だった。このひとの機転がなかったら、そのまま帰宅していたら、あるいは手遅れになっていたかもしれない。ほんとうに怖くなったのは、こうした事情がわかってからだった。

待機部屋に誰かが呼びに来て、医師から、これからお腹の手術をするので同意書にサインしてほしいと言われた。

ＩＣＵに運ばれてからも続いていたお腹の鈍い痛みが急に強くなったので、「お腹が痛い。お腹！　お腹！」と訴え、慌てて手術をすることになったらしい。

同意書にサインはしたものの、そのときは一緒に暮らしていたが、婚姻届はまだ出していなかったので、事実婚の配偶者ですけどかまいませんか？　と聞いたら、看護師は、「それはどうでしょう……」と不安そうだった。それで念のため彼の実家に電話すると、下の弟が来てくれることになった。

そのとき私は下の弟にまだ会ったことがなく、実家の人たちもよく知っているツボちゃんの大学からの友人の一志治夫さんにも事情を話して病院に来てもらえないかとお願いした。

二人はすぐ駆けつけてくれたが、手術が終わるまでに、かなり時間がかかったと思う。ようやく手術が終わると、麻酔で眠っているツボちゃんが、ストレッチャーで運び出されてきた。

内臓が破裂していたと医者に言われた。あのいやな臭いは、そのせいだったのか。腹を足で踏まれたぐらいで、ひとの内臓は破裂したりするのか。それとも、よほどきつく踏まれたのか。眠らないままのよく回らない頭で、ぼんやりそんなことを考えた。

入院生活は思いのほか長引いた。

最初の緊急手術は失敗だったようで、取り切れなかった血液や体液で腸が癒着し、なかなか元通りに動き出してくれなかった。しばらくようすを見たけど、再手術が決まった。

一回目の手術は腹腔鏡を使って行われ、傷も小さかったけど、再手術は開腹して、腸のいたんだ部分を取りのぞき、動かない部分の代わりをするバイパスを造設するという。この二度目の手術で、彼のお腹には縦二十センチ横十センチぐらいの大きな傷が十文字に残った。

ツボちゃんはもと肥満児で一時は百キロ以上あった。高校生のときに一念発起し、自分で考えたキャベツダイエットで三十キロ以上体重を落としたそうだ。大人になってからも体重を気にして、毎日、体重計に乗っていた。身長百七十四センチで体重が六十二〜六十三キロ、痩せているほうだったけど、年をとるにしたがい、下腹のふくらみがめだつようになった。「坪内さん、痩せてるのに、腹は出てますね」と言われると、「違うんだよ。これはバイパスなんだよ」といちいち説明していたが、事故から年月がたつにつれ、話が通じなくなって、もどかしそうだった。

再手術の前に、この開腹手術がうまくいかない場合は、人工肛門をつけることになるかもしれないと告げられた。殴る蹴るの暴行を受けて満身傷だらけになり、不自由な入院生活を送ることにも愚痴をこぼさなかったのに、このときばかりは気落ちして、「もう、いやだよ」

と弱音を吐いた。

バイパスをつくった後も腸はなかなか元通りに働いてくれず、本人も私も、ずいぶんやきもきした。それでも少しずつ口から栄養が摂れるようになり、「エンシュア」という缶入りの栄養剤を飲むようになってからは、めざましい回復を見せた。

よほどうれしかったのだろう。退院するとき「エンシュア」の青い缶をひとつ持ち帰り、お守りのようにずっと手元に置いていた。

腸のバイパスが動き始めると、殴られて骨折した顔の形成手術を受けることになった。腸の手術に比べると命に別状はないが、手術後は顔が倍ぐらいに、ボールみたいに腫れあがり、別人になった。本人いわく、「デブ少年時代のおれ」で、懐かしい顔に久しぶりに出会った気がすると言っていた。

折れた骨を固定するために、頭蓋骨の右から左に針金を通した状態でしばらく過ごし、「（ビート）たけしがバイクで転んだときと同じ（処置）」と言っていたが、ほんとうかどうかわからない。針金は、退院してから改めて抜いてもらいに行った。

骨折は治ったが、鼻はもとに戻らなかった。鼻筋がすっと通って、先が三角形にとがったきれいな鼻だったのに、時間がたってから手術したせいなのか、微妙に曲がったまま固定されてしまった。私は残念だったけど、本人はぜんぜん気にしていなかった。

東京女子医大病院のＩＣＵの看護師は、てきぱきと優秀で、とても感じがよかった。そしてなぜか、美人ぞろいだった。

「この世に思い残すことがないように、命の危険がある患者のところには、美人で優秀な看護師さんを集めるんだよ」。大発見のように、彼はさんざん書いたり語ったりしたが、たぶんそれは偶然だろう。入院が長くなり、次第に回復するにつれ、ナースセンターから遠いところに病室が移っていったのは事実だ。

「ツボウチさんはがまん強いから、痛いときはちゃんと痛いと言ってくださいね」。美人看護師にそう言われたと、ごきげんだった。ツボちゃんががまん強いなんて、何かの間違いではと思ったけど、わざわざ機嫌を損ねることもないので、口に出すのは思いとどまった。

ＩＣＵの看護師に「本の雑誌」の読者がいて、その人はツボちゃんが予想した通り椎名誠さんのファンだったが、「でも坪内さんの『読書日記』の連載も読んでいますって言われた」と、うれしそうだった。

「本の雑誌」がつないでくれた縁はもうひとつある。

私の友人が、『懐かしのＣＭソング大全③』というＣＤをお見舞いにくれた。「小さな思い出」（サントリー）や「サンカラー薔薇の歌」（三洋電機）、「ジャルパックの歌」（日本航空）

といった自作のＣＭソングをみずからうたう浜口庫之助がとても気に入り、「本の雑誌」に、「私は、歌手浜口庫之助の大ファンになった」と書いたところ、浜口夫人で女優の渚まゆみさんが編集部気付でお礼の手紙をくださったのだ。

渚さんのお友だちが「本の雑誌」を読んで知らせてくださったらしい。「私の最愛の夫のことを書いてくださってありがとうございます」という手紙をいただき、ご飯を食べに行ったり、ライブに誘われたり、楽しいおつきあいが始まった。渋谷の映画館「シネマヴェーラ」で渚さんのトークショーが開催されたとき聞き手に指名してくださったのも、亡くなるひと月前に、新宿ケントスでの「『浜口庫之助傑作選』ライブ」に伺ったのも、ぜんぶこの入院がきっかけだった。

本人が連載担当者以外に入院のことは言わないでほしいと強く言うので、しばらくは友だちにも伝えなかった。事情を知ったひとに訊かれても、なるべく内密にとお願いしたが、もう一人の当事者である松田さんにとくに口止めしなかったので、ツボちゃんの意識がまだ戻らない事件翌日には、松田さんが会社に送ったファックスにより、筑摩書房のほぼ全員が、けがのことを知っていたようだ。

入院を秘密にしたがったのは、殴られた顔が面変わりするほどひどい状態だったこともあるし、儀礼的なお見舞いが、とにかく億劫らしかった。

「だって、よく知らない人がいきなり寝ているところに来ちゃうんだよ？」と、こぼしていた。

それなら面会謝絶にすればよさそうなものだが、来客は、単調な入院生活の数少ない楽しみでもある。来てほしくない人がいるだけでなく、来てくれたらうれしい人もたくさんいるので、お見舞いを取り次ぐのはなかなか面倒だった。

私に連絡をもらったときは、来てもらっていいか、あらかじめ聞くようにしていたが、OKが出たグループに苦手なひとがまじるようなこともあり、あとで文句を言われた。

「あのひとが来るなんて聞いてなかった！」と言われても、わざわざ来てくれるのに、誰が一緒に来るか、いちいち名前を聞いてひとりだけ遠慮してもらうとかできないよ！　と、ついには私もかんしゃくを起こした。

中途半端に箝口令を敷いたせいで、事件のことはおかしなかたちで広がってしまった。

私が聞いたなかで一番、突飛だったのは、包帯でぐるぐる巻きになった坪内祐三が、青山通りで佐久間さんの後ろを歩いているのを見た、というもの。包帯を巻いていたのは入院中のことで、そのときも顔だけ。まったくのうそなのだが、発信元が通信社の記者だったらしく、信じた人もいた。

「ツボウチ、オヤジ狩りに遭ったんだって?」とうれしそうに私の会社に電話してきた同世代のもの書きもいた。「ヤクザ風の男二人みたいで、オヤジ狩りではないと思いますよ」と訂正したのに、「ねえねえ知ってる? ツボウチ、オヤジ狩りに遭ったんだって」と、出版社に電話して回っていたと後で聞いた。

野坂昭如さんからは、「かつては三島由紀夫が文壇で一番殴りたくなる顔で、それを継いだのが私ですが、もう小生の時代ではなく貴方の時代なのですね」という、不名誉なようである意味、とても光栄なお見舞いの手紙と、新潟のお米をいただいた。

前の年に、新潮社から『靖国』という本を出していたので、右翼の襲撃ではないか、とも言われた。いまでもそう信じている人がいるようだが、関係ないと私は思う。彼の話を聞く限り、通りすがりに見知らぬ男に因縁をつけられ、うっかり言い返したために殴る蹴るされただけで、相手は、坪内祐三の顔も名前もたぶん知らない。『靖国』を出した後、脅迫めいた行為は何も受けていない。

救急車を呼んでくれた交番から連絡が行ったのだろう。入院中に、新宿署の刑事が事情を聴きに来ている。

容疑者の似顔絵も作成、傷害事件として被害届を出すようにと言われたが、結局、本人の意思で出さなかった。泥酔していたこともあって、相手の顔をほとんど覚えておらず、どうせ見つかるはずがないと言い、警察から被害届を催促されることもなかった。

「歌舞伎町のキャバクラで火災が起きて、新宿署はそれどころではなくなっちゃったんだ」とひとには説明していたが、この話もうそである。彼の事件が警察の関心をひくようなものでなかったのはたしかだけど、当時かなり話題になった歌舞伎町の大規模ビル火災は二〇〇一年九月初めのことで、とっくに退院している。

お見舞い客の顔ぶれや言動に怒る細かいところがある反面、暴力をふるった相手への怒りがほとんどないのがふしぎだった。あれほどひどいけがをしたのに、ＰＴＳＤ的な後遺症も一切見うけられなかった。無理に忘れようとしているわけでもなく、元気になって再び飲み歩くようになると、「現場検証」と称して、親しい人を新宿の事故現場に連れて行き、「ここで殴られたの」と指さして教え、事故から一周年の日も現場を再訪している。

酔っていてもしらふでも、チンピラ風の運転手の車にひかれそうになると、走って追いかけ文句を言ったりするので、また同じ目に遭うのではないかと私は本気で心配した。ＰＴＳＤは、むしろ私のほうに発症していたと思う。

ツボちゃんは喧嘩が強くない。腕っぷしなら私のほうが強いぐらいで、ジャムの瓶のふたが固くて開かないと、だまって私のところに持ってくる。それなのに、危険を察知し行動を抑制するメカニズムが壊れているのか、もともと備わっていないのか、明らかに危険な相手にも突っかかっていくので、そのたびに私はハラハラさせられた。

事故のとき、私はまだ新聞社に勤めていた。仕事はまあまあ忙しかったが、職場にタイムカードなどはなく、とくに私の所属する文化部は、決まった仕事をこなしさえすれば自由は利いたので、仕事の合間や仕事が終わってから、洗濯物の引き取りや必要な本、日用品などを届けに行った。

目に見えるほど良くなってからは、特に用事もなさそうだし、仕事も立て込んでいるから明日は来なくてもいいかな、と思う日もあったが、帰ろうとすると必ず、「明日は何時？」と聞かれる。「……じゃあ何時ごろに」と答えることになり、退院するまで毎日、顔を出すことになった。

都営大江戸線が全線開通したのが、その年の十二月十二日で、それまでは営団地下鉄と都営線を乗り継ぎ、駅からもかなり歩いたのが、朝日新聞のある築地市場から病院最寄りの若松河田駅まで一本で行けることになり、格段にラクになったのをよく覚えている。

入院は世紀をまたいで二カ月近くに及んだが、なんとか元気なからだで退院することができた。その間の大みそか、世紀のかわりめを一人で過ごすことになる私がさびしくないよう一緒に過ごさせてほしいと一志さんにお願いし、一月生まれの私の誕生日プレゼントを夫人のりつ子さんに頼んで買ってきてもらうなど、いつにない細やかな心配りもしてくれた。

マガジンハウスの大島一洋さん（『慶応三年生まれ 七人の旋毛曲り』の担当）からいただいた年末ジャンボ宝くじで「さようなら20世紀賞」五万円が当たり、「さすがギャンブラーのお見舞いだね」と尊敬の念を深めていた。

第七章　偶然を引き寄せる

ツボちゃんはいつも身軽だった。手ぶらが好きで、財布と鍵、この数年ようやく持つようになった携帯電話、ハンカチとティッシュ、最小限の持ち物をジャケットやジーンズのポケットに突っ込んで出かけた。

上着を選ぶときの第一条件は「ポケットが三つ以上ついていること」で、私がたまに、似合いそうだと思ってジャケットを買って帰っても、たっぷりしたポケットのない服はいくらかっこよくても着てくれなかった。本や資料を持ち運ぶときは、布製の小さな軽いかばんをひとつ持った。

あれはガニ股というのか、膝を外向きに踏み出すように歩くので、ふつうに歩いていても意気揚々として見えた。新宿で殴られたのも、ひとつにはあの歩き方がいけなかったのではないかと思う。一志治夫さんは、「寅さんを見るとツボちゃんを思い出す」と言っていて、たしかに飄然と街を歩いていた。

新宿や銀座の酒場をはしごすることをクルージング、古書店街を流すと呼んでいたのも、自由気ままな気分のあらわれだったのだろう。

街や酒場で、偶然、だれかに会えることを楽しみにしていながら、そういう場所で新しい知り合いを増やすことにはきわめて消極的だった。矛盾しているようで、彼のなかでの矛盾はない。

酒場で仕事を頼まれるのを嫌っていて、「明日仕事場に電話して」とぶっきらぼうに言うのはまだいいほうで、そのまま食い下がられると、「おれそういうの大嫌いなんだ」と怒り出した。仕事の話をしてキレられたかたにはほんとうに申し訳なく思う。人好きで人嫌いなのは、彼が気難しい人と言われるゆえんである。

二〇〇〇年の暴行事件のときは寿命の縮む思いをしたけど、もちろんそんなことばかりではなく、彼と一緒にいると、楽しくてびっくりさせられることがよくあった。

暴行事件の少し前、二〇〇〇年の九月、「北海道に行こう」と急に誘われた。思いたって二、三日で出発というあわただしさで、山口昌男さんが札幌大学の学長に就任していたし、札幌大助教授に赴任した友人の泉敬史さんの部屋に泊めてもらえることになったという。

出発は土曜日で、私は休日出勤してギリギリまで働いたあと、わけがわからないまま空港で彼と待ち合わせて、午後九時の北海道行き最終便に乗った。だいぶたってから、「本の雑誌」の「読書日記」を読んで、休みをとれていなかった私に、夏休みらしいことをしてあげようと、札幌行きを決めたというのを知った。

「文ちゃんとの夏休み」という子供の日記のような題の文章を読み返すと、遅い時間に着いたので、その日は泉さんのマンションに近い「つぼ八」で北海道の味を楽しんだことや、札幌の文学館で石神井書林の内堀弘さんに会ったことなど、懐かしい記憶がいろいろ蘇ってくる。

札幌二日目に私たちは学長室の山口さんを訪ね、膨大な蔵書を見せてもらったあと、泉さんの車で中島公園にある北海道立文学館に向かった。

見たい展示があったわけではない。文学館では「更科源蔵と豊かな交流圏」という副題のついた「『北緯五十度』の詩人たち」が展示中だった。

「北緯五十度」という雑誌も、更科源蔵という詩人の名前も、私は知らなかった。ツボちゃんと展覧会に行くときは、知らないことを聞けば、たいていのことは説明してくれていたけど、更科源蔵は知らないと言う。物知りなのに、知らないことは知らないと言うのが彼のいいところだ。

「うっちゃんがいたら教えてもらえるのになあ」と残念そうだった。

友人で古書店主の「うっちゃん」こと内堀弘さんは詩歌が専門なのだ。

「うっちゃんがいたらなあ……」と彼がブツブツ言っていると、魔法のようにうっちゃんが姿を現した。内堀さんも、「ツボちゃんたち何でここにいるの」と驚いている。

古書の大市があって札幌に来ているという内堀さんを、「いま、うっちゃんの話してたんだよ」と、ツボちゃんは大喜びして、展示のところへ引っ張って行った。

文学館を見たら夕方まで小樽にドライブしようかと相談していたけど、内堀さんを泉さんの車に乗せて札幌大学に逆戻りした。山口さんももちろん大喜びで、偶然の出会いというのは当然起こるものだ、とニコニコしていた。

内堀さんと月の輪書林の高橋徹さん、二〇一一年の元日に亡くなった、なないろ文庫ふしぎ堂の田村治芳さんとツボちゃんと山口さんとは、かつて「東京外骨語大学」という勉強会を続けていた。山口さんが学長で、ツボちゃんは一応、助教授。宮武外骨にちなんだ大学名はもちろん、山口さんのいた東京外国語大学のもじりである。

高橋さんたちと仲良くなったのも偶然の力が働いている。

『ストリートワイズ』のあとがきに自分で書いているが、一九九二年の秋、目黒で都内の古書店主有志を相手に山口さんが講演、それを、ツボちゃんも、月の輪さんも聞きに行っていた。山口さんとツボちゃんが夢中になっていた「集古」という雑誌の中心人物、林若樹の『集古随筆』を月の輪さんが手に持ったまま講演を聞いていて、そのことをツボちゃんに教えられた山口さんが声をかけたのだ。忙しい山口さんはしょっちゅうダブルブッキングをして、その日の講演も、もともと予定していた日の一週間後に急遽、変更されたものだった。最初の日程だと、月の輪さんは行けなかったらしい。

『ストリートワイズ』を編集した中川六平さんは、その後、ツボちゃんを通して知り合った高橋さんの『古本屋　月の輪書林』、内堀さんの『石神井書林　日録』、田村さんの『彷書月刊編集長』など、「外骨語大学」の人たちの本を次々、晶文社から出していった。古本の世界に新しい流れをつくり出した彼らの仕事に影響を受けて古書の世界に入った、という人は少なくない。

ツボちゃんがばったり誰かに会うのは、街をふらふら歩いている時間が人より長かったせいもあると思う。フリーランスのもの書きは、四十代になっても五十代になっても、学生みたいにほっつき歩いていても誰からもとがめられない。

なかでも人に会うことが多かったのが、神田神保町の書店街だ。

又吉直樹さんと初めて会ったのも、神保町だった。たまたま姿を見かけて、「又吉さん、坪内です」と声をかけた。人見知りの激しい彼にしては珍しい行動だが、知り合いから又吉さんの本棚に自分の本があったと聞いていたらしい。「こんなところで」と驚く又吉さんに、「こんなところだから会うんじゃない、って言ったんだよ」と、ちょっと自慢そうだった。

五反田遊古会展で、左から元TBS河内紀氏、月の輪書林・高橋徹氏と
2010年11月、品川区の南部古書会館にて

夕方のすずらん通りで中原昌也さんにばったり会ったときは、この後、友だちと会う約束があるという中原さんを三省堂書店地下にある「放心亭」というレストランに強引に拉致した。中原さんが好きだというアイスバインをいち早く注文し、ビールやハイボールもどんどん頼んで、このときは私も一緒だったけど、中原さんは約束に大幅に遅れたと思う。

車谷長吉さんとも、神保町の東京堂書店でよく顔を合わせた。ふたりとも東京堂書店が好きなので会うのは不思議ではないが、会うと車谷さんから、「ええなあ。これから飲みに行くんか？」と必ず聞かれたらしい。「車谷さんも一緒にどうですか？」「わし、行かれへん。強迫神経症」と誘っては断られるやりとりを飽きずにくりかえした。

いまどき人と会うときは前もって約束するのが

ふつうだと思うが、ツボちゃんの場合は、〇〇さんどうしているかなとつぶやいていると、その夜、ばったり会うというようなことがしょっちゅう起こった。広い東京で、こんなに道ばたで知り合いに会うものかな、とふしぎだったけど、「今、〇〇さんと飲んでいるから、文ちゃんも来ない?」「今、誰と一緒だと思う?」と楽しそうに電話がかかってくるので、ほいほい私も出かけて行った。

仕事の締切をたくさん抱えて忙しくしていた割に、街に出るときには、予定を詰め込みすぎず、なるべく流れに任せられる余地を残していた。

彼はものすごい方向音痴でもあった。偶然の出会いが多いのは、そのつもりがなくても、たびたび街をさまよってしまうせいもあったのではないか。

「東京人」時代から彼を知っている文春の萬玉さんが、「ツボちゃんは方向音痴なんだけど、それを指摘するとものすごく怒るんだよ」と前もって教えてくれていた。『ストリートワイズ』の著者なのに道に迷うのかと、意外でもあり、おかしくもあって、もしそういう場面に遭遇しても口にしないでおこうと思った。

「キネマ旬報」の追悼記事で、映画ライターの寺岡裕治さんが、〈路上の賢者、まさか街路に疎いのでは?〉と書いていた。対談のためキネマ旬報社に来ることがあると、何度行っても道がわからなくなって、そのたびに怒りの電話がかかってきたらしい。街路に疎いわけではなく、くわしいことはくわしいのだけど、ありえないレベルの方向音痴だったのだ。

　私も自分は方向音痴だと自覚しているが、彼に比べると全然ましだった。「文ちゃん方向音痴だね」とひとには言いながら、自分もそうなんだとは決して認めなかった。彼の言い分では、「ぼくは方向音痴ではなく地図が読めないだけなの」。何が違うのかよくわからないけど、本人としては大いに違うらしかった。

『話を聞かない男、地図が読めない女』という翻訳書がかつてベストセラーになったことがある。仕事で初めての場所に行くとき、「地図が読めない男」のツボちゃんは、編集者から地図が送られてきても見ようとしなかった。見てもわからなかったのだろう。東西南北の把握も苦手で、彼が「どこそこの北」だの「東」だの言うのをほとんど聞いたことがない。「前」「後ろ」「右」「左」の把握だけで生きていたと思う。

　ふたりで初めての場所に出かけるときは、だからだいたい道に迷った。ツボちゃんはさっそうと先陣を切って進むのだが、途中でどちらに行けばいいかわからなくなって立ち止まる。「こっちの道だよ」「いやこっちだよ」と必ず意見が分かれ、かなりの確率でけんかになった。

　私がスマートフォンを持つようになってからは、グーグルマップを検索できるので圧倒的に優勢になった。そうなると、親指でスマホを操作する動きをしてみせながら、「こういうのはほんとうに嫌だね」と腹立たしげだった。街角から公衆電話が消えてからは、あきらめて彼も携帯電話を持つようになったけど、おもに電話をかけるかショートメッセージの送受信にしか使わず、いくらスマホが便利だとすすめても最後までガラケーで通した。

道に迷うと、何度も行先に電話して道を尋ねた。「週刊ポスト」で「眼は行動する」という美術評を連載していて、毎週いろんな美術館やギャラリーに出かけていたが、知らないところに行くのは大変そうだった。渋谷から墨田区の押上駅から十二、三分歩いた場所に移転した「たばこと塩の博物館」にひとりで行ったときなど、駅からの道で何度電話したかわからない、と言っていた。たぶん、自分がいまいる場所の説明もうまくできなかっただろうから、電話を受けた博物館のかたは、さぞかし困惑しただろう。

それなのに、いつも果敢に街へ出て行き、迷うのも、ぜんぜん苦にならないようだった。迷う時間を織り込みずみなのか、ただのせっかちなのかわからないけど、約束より早めに家を出て、迷った先でいろんなものに出会った。手ぶらで出かけ、何か必ず自分へのおみやげを持ち帰った。おみやげは本のこともあったし、新しい発見のこともあった。

「ギャラリーで作品を展示していたら坪内さんが突然来てくれた」とよく言われていたけど、それはたぶん、偶然、迷い込んだのだと思う。

第八章　雑誌小僧　その二

文章を書いて生活するようになってからも、ツボちゃんは自分の本質を編集者だと思っていた。

二〇〇三年に扶桑社から文芸誌「ｅｎ－ｔａｘｉ」が創刊され、文芸評論家の福田和也さんに誘われて、彼は雑誌の編集同人になった。創刊同人は四人で、あと二人は作家の柳美里さん、イラストレーター・ライターのリリー・フランキーさんだった。

前の年に、福田さんが「週刊ＳＰＡ！」で連載していた「罰あたりパラダイス」にかわって、福田・坪内の「文壇アウトローズ」による対談「これでいいのだ！」が始まっていた。

「福田さんとの連載対談を依頼されたんだけど、文ちゃんはどう思う？」と聞かれたとき、それはやめておいたほうがいいんじゃない？　と私は答えている。『作家の値うち』がベストセラーになって華やかに活動する福田さんと彼とは、肌合いも、めざす方向も違う気がした。

「そうだよね」と言いつつ、彼はこの仕事を引き受けた。もしかしたら、「どう思う？」と聞いたときには答えを出していたのかもしれない。

本人も、福田さんは「前向き・最初の人」で、自分は「後ろ向き・最後の人」だと言っていた。好きなものや関心のありかたはかなり違っていたけど、圧倒的な雑学的知識を持ったほぼ同世代の二人の対談は、「ＳＰＡ！」で十六年間も続き、「ｅｎ－ｔａｘｉ」にもつながっていく。

「ＳＰＡ！」の対談が始まって、ツボちゃんは、自分で望んでいなかったジャーナリズムの表側へ押し出されていった気がする。週刊誌に毎週、写真が載ることは、坪内祐三の本を読まない人に名前と顔を覚えられることだった。街で知らない人に声をかけられるときはたいてい、「『ＳＰＡ！』読んでますよ」と言われるらしく、居心地が悪そうだった。

「文壇アウトローズ」の始まりは、福田さんの間違いをツボちゃんが指摘したことにあった。福田さんがプロレスラー、ザ・グレート・カブキの引退について「ＳＰＡ！」で書き、そのなかで、グレート・カブキの元の名を「高千穂遙」と書いていたのを、ツボちゃんが「読書日記」で、〈福田和也がこんなデタラメを書いているので唖然としてしまう〉と書いたのだ（正しくは高千穂明久で、高千穂遙は作家）。

こんな挑発を受けて、嫌味なやつだなと思うところ、なぜか福田さんは逆に興味を持ったみたいで、その後も神保町でばったり会ったり、新宿で偶然、酒席をともにしたりしながら、いつのまにか雑誌で対談することになった。

対談はいつも出たとこ勝負、行き当たりばったりでやっていたようだが、編集者を自任するツボちゃんは、話題をふって進行するのが自分の役割だと考え、毎回、話すことをいくつかメモにして持って行っていた。音楽、文学、映画、スポーツ、そのときどきの事件や時事的な話題。二人で勝手に芥川賞を選んでみたり、サッカーのワールドカップ前夜にプロ野球のヤクルト・巨人戦を神宮球場に見に行ったり。近々閉店する飲食店を訪ねたり、年末にその年、亡くなった人たちについて話したりするのも恒例になった。福田さんが多忙で、午後の早い時間しかスケジュールが空かないこともあり、本当は昼間から飲みたくないツボちゃんがいつも合せていた。

一回会うたびに週刊誌の二回ぶんを収録していたから、ひと月に最低二回は福田さんと会って飲んで話していた計算になるけど、出先で偶然出会うのを除くと、プライベートで二人が飲みに行くことはたぶん一度もなかったはずだ。仲が良いわけではないが、かといって悪いわけでもないふしぎな距離感で、人に訊かれると、「漫才コンビとかであるでしょ？　仕事でしょっちゅう会ってるから、プライベートは別々なの」と説明していた。

「ｅｎ－ｔａｘｉ」創刊のころのインタビューを読むと、福田さんは「季刊藝術」のような雑誌をつくりたい、と話している。「季刊藝術」は、音楽評論家の遠山一行や江藤淳が出していた雑誌である。

新雑誌の編集長になった扶桑社の壹岐真也さんは、「『風景』みたいな雑誌をつくりたい」と言い、このひとことは、ツボちゃんに突き刺さった。「あのときイキさんは『風景』みたいな雑誌って言ったんだよな」と何度も思い出しては口にしていた。「風景」は紀伊國屋書店が出していた無料の文芸誌で、吉行淳之介ら作家が回り持ちで編集長をつとめた。自分が好きな、知る人ぞ知るこの雑誌の名前が出たことで、がぜんやる気が出たようだった。

蓋を開けたら、「en-taxi」は「季刊藝術」にも「風景」にも似ず、もっとごちゃごちゃして活力のある雑誌になった。福田さんのギラギラした感じと、ツボちゃんのシブ好みが混ざると、カオスのようだった。判型も途中で変わっている。

「en-taxi」から生まれた企画に、リリーさんの『東京タワー　オカンとボクと、時々、オトン』がある。

『東京タワー』が出たばかりのころ、壹岐さんやツボちゃんと大阪に泊りがけで行くことがあった。朝、昔ながらの純喫茶でコーヒーを飲みながら、「オレ、『東京タワー』、十万部売れてほしいんすよね」と壹岐さんが言うのを、雑誌の売上が厳しいのかなと心配しながら、ツボちゃんと私は黙って聞いていた。その後、『東京タワー』はみるみる売れ始め、テレビドラマや映画にもなり、十万部どころか二百万部を超すベストセラーになっていった。『東京タワー』も、講談社エッセイ賞を受賞した立川談春さんの『赤めだか』も、どちらも福田さんの企画で、「福田さんは、売れるものがわかるんだよ」とツボちゃんは感心していた（『東京タワー』をエッセイではなく小説として出すようにと助言したのはじつはツボちゃんらしいが、本人はまったく記憶にないようだ）。たぶん『東京タワー』と『赤めだか』があったから、「ｅｎ－ｔａｘｉ」はおおかたの予想よりずっと長く続いた。

ツボちゃんの企画には福田さんのような大ヒットはなかった。私が覚えているのは、いつも福田さんが何の特集をするか聞いてから、補完的に自分が担当する特集を考えていた姿だ。同人四人が執筆するはずだった匿名コラムの原稿は毎回集まらなくて、だいたい彼がひとりで書いていた。締切間際に「何かない？」と聞かれて、「こういうのはどうかな」と素材だけ提供したことが何度かある。

誰かの原稿が落ちて、穴埋めを引き受けることもあった。発売十日前に、ある人の原稿が落ちたと壹岐さんから連絡を受けた。こういうときの彼はすごく張り切って、野間文芸賞の授賞式をルポした「パーティー」という二十枚の原稿をほぼ一晩で書き上げた。穴埋めはその後、連載になり、「文藝綺譚」という副題がタイトルになり、そのまま本にもなった。

このころの彼は唐十郎さんと、長塚圭史さんの芝居をよく観ていて、ふたりの特集も企画した。唐さんの、テキストに書かれていないことまで読みとる「誤読力」で新しい物語を次々生み出す才能を大尊敬し、毎公演、終演後の飲み会まで参加して芝居の感想を直接、話していた。

長塚特集のときは同人の柳美里さんが特集を批判し、ちょっとした騒ぎになった。長塚さんの芝居はもともと私が好きで彼を誘ったので責任も感じた。柳さんの批判に対して何か書くのかと思ったけど、まとまった反論は書かず、拍子抜けした。

唐さんの新作戯曲『鉛の兵隊』や、入手が難しい能島廉『競輪必勝法』、笠原和夫の『実録・共産党／日本暗殺秘録』を文庫本で付録につけたのはツボちゃんのアイディアがもとになっている。

追悼記事の「The Last Waltz」も彼が力を入れていたものだ。だれの追悼を載せ、だれに原稿依頼するかをいつも考えていた。「ｅｎ‐ｔａｘｉ」の終刊が決まったとき、総目次をつくって載せようと強く主張した。「The Last Waltz」と、雑誌の追悼にあたる総目次をつくったことが、いちばん彼らしさが出た仕事ではないかと思う。「ほかにももっとあるだろう」と本人は怒りそうだけど。

目玉企画ではなく、雑誌の「雑」のところ、すみっこの面白さを感じさせる部分が彼は好きだった。「『ｅｎ‐ｔａｘｉ』に時間をとられて自分の原稿が書けなくなるから困るんだ、おれは稼がないといけないんだから」、としょっちゅうぼやいていたけど、小さな文芸誌にかかわる時間を楽しんでいた。

「ｅｎ－ｔａｘｉ」の同人になったことで、「徒党を組んで」と批判する人もいたけど、だれかと集まることに関心はなかったと思う。福田さんとツボちゃんで、お互いの本を批評したりすることもまったくなかった。出版の状況がどんどん悪くなっていくなかで、従来の文芸ジャーナリズムの流れと距離を置いたところに書き手が作品を発表できる場をつくることにしか、意味を見出してなかったんじゃないかと思う。

「彷書月刊」という、古本屋さんが出しているリトルマガジンにも肩入れしていた。

一九八五年に創刊された「彷書月刊」は、前半が記事、後半は古書目録で、もともとは目録を載せるためにつくられた雑誌だ。インターネット全盛のいまでは考えられないことだが、ネット注文がなかった時代は、「日本古書通信」に目録が載せきれず、新たな受け皿としてつくられたのが「彷書月刊」だと聞いている。

山口昌男さんを学長とする「東京外骨語大学」の学生でもある、なないろ文庫ふしぎ堂の田村治芳さんが途中で編集長になった。「フイチンさん」の漫画家上田トシコのインタビューや、築地小劇場やムーラン・ルージュ、吉本興業にいたことがあり、のちに日本テレビに入った、脚本家の阿木翁助のインタビューが載っていたりして、いま読んでも面白い。

ツボちゃんは、「極私的東京名所案内」の連載をしたほか、「坪内祐三のアメリカ文学玉手箱」という責任編集号（二〇〇七年七月号）も出している。岡崎武志さんや坂崎重盛さんら、名うての古書好きが集まって、一定の金額内で買った本を見せあう人気企画「がっちり買いまショー」も彼が考えたものだ。田村さんの発案で始まった古本小説大賞の選考委員も引き受けたし、雑誌の経営が行きづまると、終刊まで経済的な支援をして支えた。

雑誌で正岡容《いるる》を特集したときは、正岡の弟子である小沢昭一さん、加藤武さんの対談の司会を買って出た。「絶対面白くなるから文ちゃんも聞きにおいでよ」と誘われ、小沢さんいきつけの喫茶店にお邪魔した。お二人は麻布中学の同級生で、息の合ったやりとりをたっぷり聞くことができた。対談が終わって外に出ると、喫茶店の入っているビルの前を、犬を散歩させている女性が通りかかった。すると、小沢さんと加藤さんが転がり出るようにしてその犬とじゃれあいはじめた。名優は一瞬にして、ふたりの中学生に戻り、犬を連れた奥さんは、突然じゃれかかってきたおじさんたちが何者か気づかずびっくりしていた。

「本の雑誌」とのつきあいも長く、深かった。浪人生だった十九歳のときから読んでいたそうで、執筆者としては、「東京人」をやめた直後の一九九一年一月号「角川文庫のアメリカ文学が僕の大学だった」が初登場である。

目黒さんはぜんぜん記憶にないようだが、おそらく「東京人」時代に、彼が発行人の目黒考二さんに原稿を依頼し、そのやりとりの中で坪内青年が並外れた本好きであると知った目黒さんが、会社を辞めたのならうちに書いてよと依頼してくださったのだと思う。

一九九六年十月号には、目黒さんによる「坪内祐三ロング・インタビュー」が載り、一九九七年四月、「さよなら、坂東齢人！」の特集号に「坪内祐三の読書日記」が掲載された。「読書日記」は毎回、筆者が替わる企画で、もともとの依頼は単発原稿だった。それが面白かったので、翌年から改めて連載することになった。当時の誌面を見ると、この前後には、井田真木子、風間賢二、東江一紀、倉本四郎というシブい顔ぶれが「読書日記」を書いている。このメンバーの中で、よりによって一番無名のツボちゃんの連載にするなんて、編集部はよく思い切ったものだと思う。「坪内祐三の読書日記」はそれからずっと、二〇二〇年に亡くなるまで続いた。

「読書日記」以外にも、「本の雑誌」には単発原稿やインタビュー、対談など、たくさん登場していて、彼が亡くなったあと、本の雑誌社から『本の雑誌の坪内祐三』というぶ厚い本が出た。

この本の著者紹介には、〈本の雑誌のスタッフ・ライターを自任〉ということばが入っている。ツボちゃんに執筆依頼するとき、編集部の松村さんはいつも汗だくになるぐらい緊張したそうだが、あるとき電話で「本の雑誌の依頼はわざわざ確認しなくても断らない。スタッフ・ライターみたいなものだから」と彼に言われたそうだ。たぶん、愛読していた雑誌「ニューヨーカー」を念頭に、かっこよく「スタッフ・ライター」と言ってみたのだと思うが、実態は「本の雑誌の仲間たち」みたいなもので、用もないのにしょっちゅう編集部に遊びにくる人だったと思う。

本の雑誌社が、二〇一二年にそれまでの笹塚から神保町の東京堂書店の裏のビルに移転して、神保町がホームタウンのツボちゃんは喜んだ。笹塚時代の編集部に行ったことはほとんどなかったと思うけど、神保町に移ってからは、みなさんの仕事の邪魔にならないかと案じられるぐらい、よく押しかけていた。

それなのに毎号、写真が掲載される「今月本の雑誌に遊びに来た人」のコーナーには、たぶん一度も登場していない。「スタッフ・ライター」はお客さんではないという矜持なのか、毎月のように出てしまうのは恥ずかしかったからだろうか。

「読書日記」の中で彼は、雑誌「編集会議」の「日本の編集長100人」というアンケート特集を読んで、〈「注目の雑誌」という問いに、「特になし」と編集長が答えている雑誌は例外なくつまらない〉と書いている。そう言うツボちゃんには、いつも「注目の雑誌」があって、書店に行くと、じっくり雑誌コーナーを見て回った。雑誌の知名度には頓着せず、むしろ聞いたことがない雑誌からの依頼だとすすんで取材を受けているふしがあった。面白い雑誌をどんな編集者がつくっているのかもチェックしていて、「初めて会う編集者だと相手がおれのこと知ってるよりおれのほうが相手のこと知ってたりするんだよね」と言っていた。

相撲熱が再燃してから愛読した雑誌「相撲」の読者欄に投稿して採用されたこともあった。坪内祐三本人であるか確認したうえで、三人分載るスペースをつぶして投稿が掲載されたときは、コピーを持ち歩いて、いろんな人に自慢していた。締切をいくつも抱えて忙しい忙しいと言いながら、そういう遊びのようなことが大好きだった。味をしめて「相撲」にはその後も何度か投稿したようだが、たぶん一度も採用されていない。

彼の雑誌愛で思い出すのは、「噂の眞相」の裁判で、弁護側の証人として証言台に立ったことだ。

「噂の眞相」のデスク、神林広恵さんとは、新宿の飲み屋でよく顔を合せる飲み友達で、同誌が作家の和久峻三氏に名誉棄損で刑事告訴されたとき、「噂の眞相」は必要な雑誌であると、書き手の立場から陳述することを頼まれた。

その二年前に、神藏さんが家を出て末井昭さんと暮らし始めたとき、同誌に記事を書かれたことがある。「噂の眞相」にスキャンダルを書かれたことがあるけど、「噂の眞相」はジャ

自宅の本棚 仕事場と両方に万単位の本を所蔵
パズルのように本を積み上げた

自宅から徒歩5分の3LDK の仕事場の本棚

ーナリズムにとって必要である、と述べるのが彼の役割だった。

「特別弁護人として証言するから聞きに来て」と言われ、私は東京地裁に傍聴に行った。まだ友だちづきあいをしていた一九九八年七月のことだ。「チャタレイ裁判」や「四畳半襖の下張裁判」が頭にあったみたいで、自分のことを「特別弁護人」と言っていたけど、べつに特別なところはない、ふつうの弁護側の証人だった。

もうひとり、作家の船戸与一さんも証言台に立った。ツボちゃんの証言はなんだか訥々としていたことしか覚えていないのに、船戸さんが、シェイクスピアとダシール・ハメットと自身の作品および和久作品を例に挙げ、「パクリ」と「オマージュ」について持論を語ったのが面白かったことは覚えている。船戸さんも神林さんと親しく、証言を終えたあとのロビーで、「神林、おまえは女囚になれ！」と弁護側の証人なのに騒いでいた。裁判は最高裁まで争われ、神林さんにも編集長の岡留安則さんにも執行猶予付き有罪判決が出た。


ツボちゃんは、一九九三年から七年間、目白学園女子短大で出版文化史を、そのあと早稲田大学教育学部でもメディア論を五年、週一コマの非常勤講師として教えていたことがある。早稲田では、ゼミが終わったあと、希望者をつのって、大学近くの蕎麦屋「金城庵」で毎週、飲み会を開いていた。

お酒や食べものの注文のしかた、宴席での気のつかいかたを、「ヒトミズム」と称して、学生たちに指南していた。「ヒトミズム」というのは作家の山口瞳の酒席でのふるまいにちなんでいる。たとえば、「金城庵」は蕎麦屋だけれど、周囲の状況も見ず、いきなり自分のぶんだけカツどんを注文してはいけない、とかいうようなことで、おそらく山口瞳はそこまで細かいことは言ってないいんじゃないかと思う。私は二回しか行ったことがないけど、ツボちゃんの周りの編集者がよく顔を出してくださり、出版に興味がある学生にとっては、現場の話が聞ける貴重な場にもなっていた。

学生を連れて毎週、飲み会をする奇特な先生はすでに少なくなっていたようで、意気に感じた「金城庵」のお母さんが、次々、お店から差し入れしてくださるようになったらしい。たしか学生からは五百円、大手の編集者からは三千円ぐらい徴収して、残りは自分で負担していたようなので、そのことも見ていてくださったのかもしれない。高額の飲み食いをするわけでもないのに、「スキヤキとか天ぷら盛り合わせとか、差し入れがどんどん豪華になるんだよ」と、恐縮しつつも、ありがたく受け取っていた。

早稲田で教えていたのは五年間だけだが、坪内先生の授業や「金城庵」飲み会に参加して編集者という仕事に興味を持ち、出版社に入った学生が何人もいる。大学院に残るつもりだったのに、「きみは編集者に向いている」と言われて進路を変えた人もいたし、授業を受けに来ていた他大学の学生も、飲み会に参加していた。卒業してからも坪内先生は五反田の古書会館に学生さんたちを引率、そうした課外活動も含めての「坪内ゼミ」だったようだ。教え子がさまざまな場所で活躍するのを、彼はとても喜んでいた。

何年前だったか、外で食事をしたあと、新宿で教え子のみなさんと待ち合わせたことがある。合流する予定のバー「猫目」に行く途中のコンビニの前で、教え子たちが栄養ドリンクを立ち飲みしているところにばったり出くわしてしまった。

「ヒトミズム」的口うるささを発揮するであろう坪内先生と久しぶりに飲むことになって、若い彼らも、一日しっかり働いたあとでは直前にドリンク剤で気合を入れたい気持ちになるんだなと申し訳なく思い、彼らは彼らで、悪事を見つけられたときのような、しまったという顔をしていた。彼らのひそかな緊張を知ってか知らずか、卒業して何年たってもこうして付き合ってくれる教え子たちに囲まれたその夜のツボちゃんは、とても幸せそうだった。

第九章　怒るひと

ツボちゃんはなんであんなによく怒ったんだろう。彼が亡くなって、それは永遠にとけない謎になった。

いろいろなひとが、追悼文で、彼に怒られたことや、怒るのを目撃したことを書いたり話したりしている。

一度も会ったことのないひとは、そういう文章を読んで、「怒りっぽいひとだったんだな」「怖いひとだったんだな」と思うだろう。実際、ツイッターで「あんまり会いたくないな」と知らないひとがつぶやいているのを目にした。

そういう感想を持って当然だし、実際に怒りっぽかったけど、でもそれだけではないんですよと付け加えたい気持ちが私にはある。

神経のふれかたが独特で、一緒にいる全員が楽しくなるように、いつも気をつかっていた。周りの状況を見ずに自分勝手に動くひとがいると、過剰な気づかいが逆向きにふれ、怒りが爆発することがあった。身内のひいき目にすぎると言われるかもしれないけど、そんなふうに思える。

三、四年前に彼と新宿で飲んでいたとき、ある雑誌の編集長と、自動車会社の宣伝部長とカウンターで隣り合わせた。編集長とはその店で話したことがあり、なんとなく紹介される流れになり、宣伝部長は坪内祐三を知らなかったけど、ツボちゃんはそれなりに感じよく対応していた。すると相手は、名刺ではなくコースターの裏に住所と名前を走り書きして、「書いた本を今度、送ってください」とすべらせてきた。

そのひとにとっては、酒場での日常的な、むしろ好意的なふるまいだったかもしれない。編集長と宣伝部長以外の、おそらく店にいた全員に緊張が走ったけど、彼は黙ってコースターを受け取り自分の前に置いた。

その後は別々の会話に戻り、だれもがほっとしたところで、その部長が、ちょっととんちんかんなことを店の女性に言った。その瞬間、ツボちゃんが猛烈に怒り出した。最後に「じゃあ、アンタは、おれの住所を今から言うから、自分ところの車を送ってこいよ！」と叫んだので、やっぱり、怒っていたんだとわかった。

本と車とでは値段が違うけど、たいせつにつくった商品ということには変わりない。それを簡単に送ってこいとか言うな、というのが怒りのポイントなのだが、相手からしたら、いきなり怒り狂ってわけのわからないことを言っているとしか思えなかっただろう。

店のひとの立場を思ってその瞬間は呑み込んだものの、抑えたせいでふくれあがった怒りが噴出したのだ。せっかくがまんしたのだから、あと少し、彼らが帰るまで抑えてくれたら、『本を送って』はないよね」と笑い話にできたのに。せめて言われたときに、ちょっと嫌味で返すぐらいにしておいてくれたら、相手の失礼と怒りの量が見合ったのに。そう思ったがもう遅かった。

理由もないのに怒り出した、と書くひともいて、いつも私が一緒にいたわけではないので、もしかしたらそういうこともあったのかもしれないけど、私が見ている限り、怒るときにはだいたい何かしら理由があった。

教え子のひとりが、「先生は、なんだかピタゴラスイッチみたいで」と言っていて、なるほどと思った。最初は、それとわからないぐらいの小さな衝突だったのに、いくつかの分岐を通って、最後には大爆発が起きる。

私には、ピアノ線がはりめぐらされているように感じられた。目に見えるか見えないかぐらいの線を、うっかり誰かが踏むと怒り出す。線は年々、細く、見えにくくなっていて、そばにいるだれもが踏む可能性があった。

二〇一八年五月八日、六十歳の誕生日に、自分の主催で還暦祝いをしたときも、大爆発が起きた。

彼の古い知り合いがやっている人形町の洋食の店が会場で、店を選ぶのも予約も、参加者に声をかけるのも、全部自分でやっていた。

お世話になった編集者と、早稲田の教え子たちに来てもらって、気心の知れたメンバーのスピーチに何度も笑いが起きた。彼も楽しく応じて、すべてが順調に進んでいたのに、終了間際の大破局《カタストロフ》だった。

原因は会計だ。その日は、何か手伝おうか？　と聞いても、「文ちゃんは口出さないで」と言われ、私は早々と二階の会場に上がって飲んでいた。食事がだいぶ進んだころ、一階の入口で受付をしてくださっていたAさんが遅れて二階に上がってきた。

会費はツボちゃんが用意した菓子箱の紙の蓋に集められていたので、持ったままでは食事できないだろうと思い、私が預かって、お金を自分のバッグにおさめた。

もうそろそろ会が終わる、というときに、会計をしてこようかと声をかけたら、ツボちゃんは激怒した。

「お金は最後まで自分で持ってててって、あれほどAさんに言ったのに！」

かつてないほどの怒りっぷりに私の記憶もところどころ飛んでいる。たぶん、お金がぜんぜん足りないと伝えたことが、怒りのひきがねになったと思う。

会費は編集者六千円、教え子やその他の知り合いは三千円にしていたが、受付にいたツボちゃんが、足りないぶんは自分で出すつもりで、次から次へと「三千円でいいよ」と言ったのだろう。それまでにも、大勢で飲むときに彼が会計をすると、みんなから少なめにしか受け取ろうとせず、いつも大幅にお金が足りなくなった。彼ひとりに負担させるのは気の毒なので、私も多めに出すことになり、たのむから私に会計をさせてと言ったことがあるぐらい、彼の計算はでたらめだった。

この日も、非難されたと感じたのだろう。怒りの矛先をAさんに向けているようで、私に対して怒っているのだとわかった。

とにかくもう怒らないでと頼んで一階に降りて、集めたお金を店のご主人に渡し、近くのコンビニに走った。足りないぶんをATMで下ろし、会計をすませて二階に戻ると、床を踏み鳴らしてまだ怒っている。教え子のひとりが、「大人があんなに地団太を踏むのを初めて見ました」と言い、まったく落ち度のないAさんが、「すみません」と何度も謝ってくれている。

それを見た私は、ものすごく腹が立ってきた。Aさんは、この日のために、わざわざ大阪から来て受付をしてくれたのである。妻である私が「お金を預かる」と言えば、Aさんは渡さざるを得ない。それで不都合は起きていないのに、みんなの前で怒り散らすとはなにごとか。

還暦祝いは、さんざんな終わりかたをした。こういう場面に慣れている人ばかりだったので、この日いちばんショックを受けたのは私だったかもしれない。銀座へ回るという彼と別れ、Aさんを含む何人かを誘って、私は新宿の「猫目」に行った。みなさんへのお詫びのつもりだったけど、自分の気持ちがおさまらなかった。しばらくして彼が「猫目」にやって来たので、私はさっさと帰宅した。

この日の彼の怒り方は異常で、怒る理由はわかったが、筋が通らなかった。ここまでめちゃくちゃなことはいままでになかったので、どうしても気になり、しばらくしてから、あれは私が出しゃばったように感じたから怒ったんじゃないの？　と聞いてみたけど、「Aさんに、会が終わるまでお金を持っていて、と言ったのに、文ちゃんに渡してしまったから」と同じ答えをくりかえした。

同じころ、玄関に置いてある靴のことでも怒った。靴を三足、全部左側に傾ぐように脱いであったのをまっすぐにそろえておいたら、「靴は全部こう（左に傾けて）、斜めにしておいてって言ったじゃない！」とかんしゃくを起こしたのだ。

靴はふつうまっすぐに脱ぐものだし、そもそも斜めのままにしておいてなんて一度も言われたことないよ、と言うと、「そうだっけ」と、あっさり引き下がった。

彼が、いちど決めたことが予期せず変更されると、不安や怒りを感じることは気づいていた。あの激しい怒りは、器質的な何かにかかわっていて、自分でもどうしようもないのかもしれない、とこのとき思った。

　ほかにも独自のルールがいくつもあったようで、「駅の改札は左から奇数番目から入る」「電信柱の影は左足で踏み越える」など、私も知らないジンクスがいくつもあって、『文学を探せ』に書いてあるのに再読するまで忘れていた。新宿で暴漢に襲われた日、そのジンクスを守れていないのがずっと気になっていたというのだ。

「日刊スポーツを家に持ち込んではいけない」とか、「カフカを読んではいけない」とか、何で？　と思うことを、たしかに言われたことがある。その二つは父の教えらしく、そうとは知らずにうっかり「日刊スポーツ」を家に持ち帰ったら、震え上がって怒っていた。カフカについては、彼が読まないというだけで、私が読むのはとくに問題にしなかった。

　イタリアの作家、ルイジ・ピランデッロに「月の病」という短編がある。月のめぐりで荒れ狂う男の話で、これを読んだとき、ツボちゃんの怒りと似た何かを感じた。彼の中にも荒れ狂う塊のようなものがあって、あるサイクルでそれが表面に出ようとすると、自分でも抑えられないのかもしれなかった。体が弱ったことで、抑える力も弱くなっていったのか。

　還暦祝いで爆発した日、このひとは自分の手に余る、というはっきりした感覚が私の中に生まれた。

　それまでにも、けんかして、離婚だ、とか、もう別れる、とか言い合ったことは何度もある。でも、もうだめかもしれない、と本気で思ったのはこの日がはじめてだった。

Aさんは少しも怒らなかった。何事もなかったかのようにツボちゃんが電話すると、その後もいままでと変わらず東京まで遊びに来てくれた。

でもこれは、つきあいも長く、彼の気性をのみこんでいるAさんだからで、たいていの人は、こんな目に遭ったら彼のことが嫌いになってしまうだろう。

怒りっぽくても、ツボちゃんには意地悪な気持ちがまったくない。ひとに何かしてもらおうと思わず、いつもひとに何かしてあげたい、利他的で親切な人間だ。なのに、怒りが爆発する一瞬で、すべてを台無しにしてしまう。こういうことがこの先も続いたら、彼の周りからどんどんひとが離れていってしまうのではないか。もしそうなったら、神経の細いこのひとは、まいってしまうのではないか。そう思うと不安でたまらなくなった。


次第にがまんがきかなくなっていったのはどういうことだったのか、いまもよくわからない。

長年にわたって大酒を飲んできたことで体調が悪くなっていったのはたしかだ。

一日に、ウイスキーなら七百五十ミリリットルのボトルを半分から三分の二ほどのペースで毎日、飲み続けた。飲みかたを見て、アルコール依存症では、と疑うひともいた。医者に相談していないのでたしかなことは言えないが、夕方、仕事を終えてからしか飲まなかったし、体調が悪ければ何日でも飲まずにいることができた。依存ではなくむしろ意識的にあれだけの量を飲み続けているように私には見えた。

彼は記憶力にすぐれ、両親ともに記憶力のいいひとたちだった。義父は、読んだ本をページそのまま記憶し、電柱や看板の文字もぜんぶ覚えてしまうので、記憶を捨てるのがたいへんだったと聞いたことがある。ツボちゃんの場合は、酒の力を借りて毎日、リセットしているのでは、と感じられた。

二〇〇九年一月には新宿で飲んでいて店を出たところで転倒、救急車で大久保の病院に運ばれたことがあって、このときは脳出血を起こしていた。症状は軽く、十日ほどで退院できたし後遺症もなかったけど、怒りっぽくなったことに何か影響したかもしれない。

将来への不安も感じていた。一九九七年に単行本デビューし、「おれはギリギリ間に合った」と口ぐせのように言っていた。すでに出版不況と言われていたけど、実際にはその前年が売上のピークで、今とは状況がぜんぜん違い、まだまだ余裕のある時代だった。九〇年代に彼の評論の発表媒体となっていた「論座」や「諸君!」「新潮45」などの論壇誌は二〇〇〇年代後半から次々、姿を消し、週刊誌も部数を減らしていった。

彼の本は、街の書店の後押しで売れたようなところがあって、その書店が姿を消しつつあった。本の世界もベストセラーと初版止まりの二極化が進み、彼のようなタイプの書き手は単行本の印税だけでは生活できないから、雑誌が休刊していくのは恐怖だったと思う。彼が自分で読みたい、少部数でも時代を超えて読み継がれていく本も出しにくい状況になってきていた。

ツボちゃんは意外なほど堅実な金銭感覚をしていて、原稿料の前借りなど考えたこともなく、二〇〇二年に仕事場の近くに購入した自宅マンションのローンもくりあげ返済ずみだった。私は二〇一一年に新聞社を早期退職したが、その後もライターの仕事は続けており、ふたりの生活はそれでも何とかなったと思うけど、彼はそのほかに、実家の家賃も支払っていた。実家が競売になったあと借りた家の家賃が月二十五万円と聞いて、私は高すぎると思ったし、それなら中古マンションを買ったほうがいいんじゃない、と彼には言った。彼もそうすすめたらしいが、「お姉ちゃんに、マンションになんて住めない、って言われちゃった」と悲しそうだった。

義父が亡くなって、義母と義姉にはもう少し家賃の安いマンションに引っ越してもらった。今は払えるとしても、六十五歳、七十歳になって、これまで通り払い続けていけるかを案じていた。いったん名前が出たあとも文筆業者は経済的に不安定なのだということが理解されず、弟たちに分担を求めても受け流された。もし払えなくなったらそのときは私もいくらか払うつもりで、彼にもそう言ったけど、文ちゃんを巻きこみたくないと、厳しくはねつけられた。

怒りっぽいだけではなかった、と書くはずが、これでは怒るひとのイメージを上書きするだけだ。

よく怒るけど、ツボちゃんはほんとうに面白くて楽しい人間だった。

行きつけの酒場でブルース・スプリングスティーンの「サプライズ、サプライズ」がかかると必ず、フロアに走り込んで踊り出した。

いまどきのかっこいいフリーダンスなんかではなく、ぐにゃぐにゃ体を揺らしながら、屈伸運動をくりかえす前衛風（？）の踊りだ。村山知義の踊りの映像を見たことがあるけど、彼の踊りとそっくりだった。

ぐにゃぐにゃに時々、ぐるぐる回る動きも加わった。頭のてっぺんに、軸となる右手を突き刺すように置いて、ひたすら回転する。軸をつくることで、いつまでも回っていられるという理屈らしかった。家で踊っているとき、私が途中で飽きて本を読み始めると、「見てくれないんだ……」とさびしそうに言うのがめんどくさかった。

彼の小学校のときの担任は、小学校の先生でありながらじつはプロのコレオグラファーで、

OSK（大阪松竹歌劇団）や銀座のショーパブの振り付けを手がけていた。恩師の指導で、少年時代に感情に任せて踊るくせがついたツボちゃんは、酔って気持ちが開放されると、いつまでも踊り続けた。

「おれってラクでしょ？」とよく聞かれた。

めんどくさい人間だと思われているけど、意外にラクだね、と言ってほしいのがわかるので、ラクじゃないとは言いづらいけど、素直にそうだねと言えない気分のときは苦笑いしたり、聞き流したりした。

でも、こうして彼が急にいなくなると、怒りを爆発させているとき以外は、たしかにラクだったな、と思う。

日によって機嫌が好かったり悪かったりというムラがなかったし、よほど肝臓が強いのか、どんなに飲んでも二日酔いになることがなかった。

寝る前に真剣な顔をしながら「いまおれが何を考えてるかわかる？」と聞き、私のことばを待たずに、「明日の朝ごはんのことを考えてるの」と自分で答えた。三食の中では朝食がいちばん好きだと言い、パンにしたりご飯にしたり、時には朝から焼きそばが食べたいと言うこともあり、出されたものは何でもおいしそうに食べた。

寝つきも目覚めもいたってよくて、低血圧のうえ新聞社時代の不規則な勤務がたたって睡眠障害を抱える私としては心の底からうらやましかった。からだが柔らかくて、立ったまま前屈するとぺたりと手が床についたし、肩こりや腰痛とも無縁だった。

元気いっぱい、小学生のように布団をはねのけて飛び起き、勢いがよすぎて、布団が隣で寝ている私を直撃した。ぐっすり寝ているお腹のところを布団が直撃すると、殴られたような衝撃で目覚めは最悪なものになる。お願いだから布団をはねのけるのはやめてと懇願したけどなかなか直らなかった。

食事はおもに私がつくったけど、仕事場では、そばをゆでたりして簡単な昼食を自分でととのえていた。私が疲れたり風邪をひいたりすると、得意料理のチキンポトフをつくってくれた。大雨の日や寒い日は、「帰りにぼくが買い物をして帰るから、文ちゃんは家にいて」と電話がかかってきた。スーパーが大好きで、お惣菜コーナーをマメにチェックし、値引きシールが貼られたものばかり買う、節約上手な主婦みたいな買いもののしかただった。

おしゃれは好きだったが、ぜいたくは好まず、「服は足りてるから」と新しい服もほしがらない。いつもジーンズで、カンペールのスリッポンが足に合うとなると、同じような黒い靴をずっと買っていた。

二人でいるとき、私はぜんぜん気をつかわずいられた。

話したいことがいつもあった。

本や雑誌を読んで面白い文章を見つけて、あの記事の、と言うと、彼はすでに読んでいて、「そうそう。あれ面白かったよね」「あの人がああいうこと書くの珍しいよね」などと、百発百中で反応が返ってきた。「あれ好きだったら、これも読むといいよ」と、仕事場から本を持ってきてくれた。

どうでもいい話をずっと話していられた。近所のセブン‐イレブンの、私たちが「EXILE」と呼んでいるちょっと強面の茶髪の店員さんが、きょうもお年寄りに親切だったこと。家の前の小学校で年中運動会をやっているのが不思議で、園庭が狭い幼稚園に次々貸し出しているとわかって謎がとけたこと。ツボちゃんが乱暴運転の車にひかれそうになって追いかけたこと。ママチャリにひかれそうになってカッとしたけどがまんしたこと。

誰かが亡くなった。こんな事件があった。こんな本が届いた。何かあるたびに、仕事場から電話がかかってきた。こちらから電話すると「いま原稿に集中してたのに！」と言われるおそれがあるので、彼が携帯を持つようになってからは、ショートメッセージを送り、折り返し電話がかかってくるのを待つようにした。

彼の携帯はほぼ発信専用で電話に出ることはほぼなかったが、仕事場の固定電話にかかってくる電話には必ず出た。電話してくるタイミングが悪いと言ってキレるぐらいなら、留守電にして出なければいいのに、とくり返し言ったのだが、急ぎの原稿を書いている最中でも電話に出て、「いま忙しいんだけど」と思いきり不機嫌な声を出した。

いつのまにかまた怒るエピソードに戻っている。

枕詞のように「幅広い知識」「該博な」と言われたけど、知っているからエラくて知らないからダメ、と言うことはまったくなくて、私が何かを知らないと言うと、こういうことは知っているのに、こういうことは知らないのか、なるほど、といった感じで、頭の中で見取り図をつくるように聞いていた。「文ちゃん、このひと知らないのか」とびっくりされることもあったけど、まったくニュートラルに言っているのがわかるので、仕事柄、見栄を張りがちな私も、「知らない」「それは読んだことない」と平気で言えた。

「大阪の笑い」「懐メロ」など、ピンポイントで私のほうがくわしいことについては素直に聞いてくれた。「○○ってどんな歌？」と聞かれて歌ってみせると、「立川志らくみたいだね」と言われたのは褒められたのかどうかよくわからない。

東京生まれなのに、西の笑いも好きで、「デン助劇場」より面白いからと、土曜日の午後はもっぱら松竹新喜劇や吉本新喜劇を観ていたらしい。

とはいうものの、座長の岡八郎や花紀京は知っていても、脇の船場太郎、原哲男の名前は覚えていなかった。原哲男の訃報が新聞に載ったとき、「このひと有名？」と言うので、「誰がカバやねん」と彼のギャグを言ってもピンと来ないようで、じゃあ、「誰がカバやねんロックンロールショー」は知ってる？　と聞いたら、「あ、それは知ってる」と言った。「ぴあ関西版」で「まぼろしの大阪」の連載を始めると、たびたび大阪に行くようになり（二十八回も行ったらしい）、小学五年生までしか大阪にいなかった私より、大阪の街に断然くわしくなっていた。大木こだまひびきの漫才の面白さはツボちゃんによって認識させられた。笑いにうるさいと思っている関西人の私が、キダ・タローの名前が出るとつまらないギャグでもつい笑ってしまうのを目ざとくキャッチして、「キダ・タローで笑える謎」という、東京の人らしいユーモラスなエッセイを「まぼろしの大阪」の中で書いている。

彼のエッセイを読んだ京都の友人が『コーヒーの店―大阪―』という本を送ってきてくれた。かつて保育社から出ていた、文庫本サイズで写真入りのカラーブックスの一冊だ。キダ・タローがいろんな喫茶店を探訪していて、一軒目の店が「れい」。大久保怜が経営する喫茶店だった。私が爆笑するのを彼はふしぎそうに眺めている。大久保怜のことはキダ・タロー以上に知らないひとに説明するのが難しいが、かつて関西で放映されていた「素人名人会」の審査員のひとりで、幼いころ私が最初に認識した「文化人」は大久保怜だった。大久保怜の店をキダ・タローが訪ねる組み合わせは震えるぐらい面白いと説明すると、「文ちゃん、こういう感じの笑いがほんとに好きだよね」とにこにこして、このこともまた「まぼろしの大阪」に書かれた。

ツボちゃんは屈託なくよく笑うひとだったのに、声を出さずに笑うので、気づかれないこともあった。

あるとき私は、丸谷才一さんを囲んで食事をする機会があった。新聞社にいたときのことで、三浦雅士さんも一緒だった。三浦さんが丸谷さんの話を巧みに引き出し、座がとても盛り上がった。その会話術にいたく感心した私は、帰ってすぐ、あんなにうまく、多彩な相槌が打てる人を初めて見たと勢い込んで話した。

「今ごろ気づいたの？　三浦さんはものすごく座談がうまいよ」と彼は言い、「おれは『東京人』時代、聞き役として丸谷さんに不評だったんだよな」と言った。

「東京ジャーナリズム大批判」という「東京人」の看板連載のホストだった丸谷さんが何か面白いことを言うと、周りの編集者がゲラゲラ笑ったり、大げさにうなずいたりして盛り立てるなか、彼ひとり無反応に見えたらしい。「坪内くんは、伝わっているのか、なんだか不安なんだよ」と丸谷さんから上司を介して言われたそうだ。声を立てて笑ってみせたりはしなくとも、丸谷さんの話の細部にわたってその場にいる誰よりも理解しているつもりでいたツボちゃんとしては、いささかショックなできごとだったようだ。

第十章　友だち

かんしゃく持ちで、ひと見知りな割に、ツボちゃんには友だちが多かった。編集者時代に知り合った書き手とも、彼自身が書き手になって知り合った編集者とも、気の合う相手とは担当が終わったあともずっと親しくしていた。

亡くなったのがあまりにも突然で、放心状態だった私は葬儀をするかどうか迷った。日本で新型コロナウイルスが広がるのは彼が亡くなってしばらくしてからで、そのときはまだ、感染を警戒してひとが集まるのを避けなければ、ということにはなっていなかった。

二〇一二年に坪内の父が亡くなったときも、二〇一九年に私の父が亡くなったときも、親族だけで送っており、彼も近親者だけで見送ろうかといったんは考えた。

それではあのひとがさびしがるかな、とすぐ思い直した。にぎやかなことが好きで、五十歳、五十五歳、還暦と、節目の誕生日には自分でいろいろ考えて誕生会を開き、親しいかたをお招きしていたツボちゃんである。それを思うと、葬儀には、大好きなひとたちに集まってもらい、見送っていただいたほうが喜んでくれるだろう。

一月二十二日の通夜も、翌日の葬儀もとても寒い日になったが、ほんとうに大勢、参列してくださった。

声をあげて泣いて悼んでくださるひともいて、「大人の男があんなに泣いている葬儀は初めてでした」と、私の知人があとでメールをくれた。


参列者が多かったのは、彼が東京生まれ、東京育ちで、その後も東京を離れず、小学校や中学校の友だちとのつきあいを続けていたというのもあると思う。本人が「暗黒時代だった」と言っていた早稲田高校の同級生も来てくれていたと、あとで参列者の名前を見てわかった。大学時代のサークル「マイルストーン」の先輩や後輩、「東京人」の元同僚など、もの書きになる前の坪内祐三を知っているひとたちが本当にたくさん来てくださった。

ツボちゃんらしいな、と思ったのは、新宿や銀座、地元三軒茶屋の、行きつけの酒場や飲食店の方々はもちろんのこと、お世話になっている書店のかたや、眼鏡屋さん、歯医者さんも来てくださったことだった。

眼鏡屋さんも美容院も、ずっと同じところにお願いしていた。美容師さんは、もともと、表参道の美容室で働いていて、神宮前に店を構えて独立、そこをやめて錦糸町に移ると、めったに行かない錦糸町までわざわざ通っていた。「よけいなことを聞かれなくてもすむし、ラクだから」と言って、二十年以上、同じひとに髪を切ってもらい、さっぱりしたその髪型はとても彼に似合っていた。

歯医者さんは、赤堤小学校の同級生で、同窓会で再会して桜新町で開業しているのを知って以来、タクシーで通っていた。午前中、タクシーが拾いにくくて怒っているので、私が通っている、家から五分の歯医者さんもなかなかいいよとすすめても変えようとしなかった。治療の合間に同級生の歯医者さんや、歯科技工士さんと地元世田谷の話をするのを楽しみにしていて、歯の調子が少し悪くなると、いそいそと予約を入れた。

前にも書いたように、彼は医者嫌いで、二〇〇〇年と二〇〇九年の二度の入院経験で、もともとの医者嫌いにいっそう拍車がかかった。時折、「体調が悪い」と言うので医者に行こうと言っても、「自分のからだのことは医者より自分のほうがわかっているから」とがんこに言い張るようになってしまった。

それでも一度だけ、いやがる彼をなだめすかして病院に連れて行ったことがある。

二〇一八年の秋、朝方、彼が「首がすごく痛い。脳卒中かもしれない」と言う。その日、私は京都に行く予定にしていて、そんな状態の彼を残して行くわけにいかない。ふつうに言っても行こうとしないので、「病院に行ってくれないと、京都行きをやめる！」と脅したら、ようやく「行く」と言ってくれた。

近所の病院でＭＲＩ検査を受け、診察でも異常は見られなかった。痛みも和らいできたというので、私は少し遅れて京都に向かったけど、考えてみれば、一緒に暮らした二十一年のあいだに、自分の足で病院に行ったのは、この一度きりかもしれない。

いざとなると行くんだな、と安心した反面、けんかするぐらい強く言わないと行こうとしないのは気が重かった。

私の風邪が長引いて気管支炎になったときに、「仕事場の隣のマンションに内科医院があって、よさそうだから行ったらいい」と教えてくれたのはツボちゃんだ。年配の男の先生で、穏やかに話を聞いてくれる感じがとてもよかったから、そのあと彼が風邪をひいたとき、「全然怖くないからあなたも行ったら？」とすすめても、頑として行かなかった。

どうしてあれほど医者に行くのを嫌ったのだろう。大酒のみだから、医者に行けば何かしら悪いところを指摘される自覚があって敬遠したのだろうか。

彼の医者嫌いは母親譲りで、ほとんど信仰に近いかたくなさだった。義母は、脳出血で倒れても医者にはかからなかったという。からだに麻痺は少し残ったものの、それでも日常生活が送れるまでに回復している。

ここまで医者に行こうとしない人を、この二人以外に私は知らない。

医者嫌いではあるけど、ツボちゃんは自分のからだにはそれなりに気をつかっていた。

もと肥満児だったこともあり、毎朝体重を量って、少し増えたら食事を控えるなどこまめに調整していた。二度目の入院のときに高血圧を指摘されたので、血圧計を買ってきて朝夕血圧を測っていた。あまりに測りすぎて、血圧計が壊れ、それきりやめてしまった。

塩分を取り過ぎないよう、スーパーやコンビニで加工食品を買うときは常にチェックし、塩分控えめなものを選んでいた。

義父も高血圧で、ずっと降圧剤を飲んでおり、「一度薬を飲むと、ずっと飲み続けないといけないからかえってよくない」と言っていたらしい。そのこともあって、「無理に薬で血圧を下げると原稿が書けなくなるかもしれない」という思いにとりつかれていた。

口うるさく医者に行ってというだけでは、彼のかたくなさを解きほぐすことはできなかった。途中から私も諦めてしまったけど、もしかしたら、歯医者さんだけでなく、医者になった同級生を探して、その人に「おいでよ」と言ってもらえたら、行くようになっていたかもしれない。別の方法で、搦め手から攻めればよかったのかもしれない。

すごく怒りっぽいのに、彼はとことん親切だった。

新宿の文壇バー「風紋」のママの林聖子さんは、太宰治『メリイクリスマス』のモデルになったひとだ。聖子さんが五十年以上店を続けていることを、「力道山が現役でリングに上がっているようなもの」と、尊敬の念をこめて表現していた（「風紋」は二〇一八年に閉店）。

　その聖子さんが、住んでいるマンションの立ち退きを迫られ困っていると聞くと、高齢の聖子さんにかわってすぐ不動産屋を回り、店からも遠くない手ごろなマンションを見つけてきた。

2017年 三軒茶屋「味とめ」前

　他のひとにはなんでもないことかもしれないが、ずっと実家住まいで、その後は父親に買ってもらったマンションに暮らしていたツボちゃんには、ひとりで不動産屋に行った経験がなかった。自分のためだったら、たぶん腰が重くなって、忙しさを理由にずるずる行く日を先延ばしにしたと思う。それなのに、ひとのためとなると、すぐに行くのだ。良さそうな物件のコピーを店まで届け、その部屋を聖子さんも気に入ってくれて、無事引っ越すことができた。

　亡くなる少し前には、居酒屋の助っ人として働いていたこともある。

　三軒茶屋のすずらん通りにある「味とめ」には、しょっちゅうではないけど、三十年以上通っていた。三茶・すずらん通りの「味とめ」と、神保町・すずらん通りの東京堂に出没する自分を「すずらん通りの男」と言っていた。

「味とめ」のお母さんからは、「お兄ちゃん」と呼ばれていたのに、雑誌「鳩よ！」の坪内特集の撮影で写真家の荒木経惟さんと一緒にお邪魔してからは、「先生」に格上げされた（その後も時々、「お兄ちゃん」に戻っていたけど）。

その「味とめ」がビルに建て替えることになり、一年以上休んで二〇一九年三月にリニューアルオープンするときは、従業員探しを頼まれた。休業期間中にやめた人もいたからだけど、なぜそこまで？　と思う熱心さでひとを探し、自分が通っている同級生の歯医者さんの息子さんなど、知り合いに次々、声をかけてスカウトし、それでも人手が足りないときは自分でもちょこちょこ働いていた。

役に立っていたのかどうかわからないけど、彼が言うには、カウンター席で飲んでいて、「先生、そこの西友で卵二パック買ってきてくれる?」「先生、大根おろしてもらえる?」とお母さんに言われると、「はいよ」と立って、お使いに走ったり、大根をおろしたりするらしい。ツボちゃんはリニューアルオープンのときに来賓としてスピーチもした。皿を下げていたら、顔を覚えていたお客さんに、「あれ、あなた、あのときの……？」と言われたそうだ。来賓が店で働いていたら、お客さんもへんに思っただろう。

店の隅っこでキンミヤ焼酎の水割りを飲みながら、「先生」と呼ばれるとふらっと立ち上がるツボちゃんは、用心棒の平手造酒《ひらてみき》みたいだ。ただし喧嘩はめっぽう弱い。

家に帰ってきて、「今日は大根を二本もおろして腕が疲れた」と言いながら飲みなおしているのを見ると、原稿書きで忙しいと言いながら、この人はいったい何をやっているのかと思ったけど、本人はいたって楽しそうだった。

「味とめ」のお母さんや料理人である息子さん、従業員のかたたちも、通夜と葬儀に来てくださった。その姿を見ると、カウンターで飲みながら、ビクターの犬の置物みたいな表情で声がかかるのを待っている彼のようすが思い浮かんで涙が出た。

部屋探しも、ひと探しも、なぜそこまでするのか、私にはわからなかったけど、たぶん理由はないのだろう。

頼まれたからやる。やりたいと思ったからやる。それだけのことなのだ。

ふりかえると、「ギブアンドテイク」という考えのない人だった。自分がこうしてあげたから相手もこうするのが当然、とか、こうしてほしいからこうしてあげよう、と考えたことは一度もなかったのではないか。

彼が二カ月近く東京女子医大に入院したとき、帰りぎわに「明日は何時?」と聞かれるので、私は毎日、通うことになった。そのあと私が肺炎で五日間、三宿の病院に入院したときは、自宅から歩いても来られる距離だったけど、ツボちゃんは一日おきにやって来た。

べつに毎日来てほしかったわけではない。なんとなく腑に落ちない思いで、私は二カ月間、時間をやりくりして毎日行ったけど、あなたは一日おきに来たよねとしばらくしてから言ったら、「だって文ちゃんは、ぼくが行かなくても大丈夫そうだったじゃない」と、さらっと言われた。

たしかに、彼が言う通りなのだ。肺炎の症状はすぐよくなったし、初めから短期入院とわかっていたので、家から持ってきてもらうものもなかった。「自分が入院したとき毎日来てもらったから、自分も毎日行かなければいけない」とはまったく思わないのが新鮮な驚きで、ツボちゃんはこういうひとだよな、と思った。

人からごちそうになるのも平気だった。基本的に、編集者と飲みに行くときでも自分でお金を払う人だったけれども、ごちそうになることがあれば、「ありがとう」とすんなり受け入れていた。

私は新聞記者だったこともあって、できる限り人にごちそうにならないように、自分のぶんは払うし、ごちそうになったらお返しするのが当たり前、と思っていた。ところがツボちゃんは、すぐお返しするのは、あなたにはごちそうになりたくない、という意思表示になって失礼だ、と言い、「ありがたくごちそうになる、好意を受けるっていうのもそのひとの器量だよ」と私をたしなめた。

　びっくりするくらいしょっちゅう借金を申し込まれ、そのほとんどに応じていたけど、返してくれと言うこともないようだった。自分の本を書評してもらったお返しに相手の本を書評する、ポトラッチ書評を嫌っていたのも、書評のありかたを真剣に考えていたのはもちろんだけど、彼のもともとの生活スタイルに根差すものだった気がする。

　気難しくて、あちこちでひとと衝突するので、「あなたは八割ぐらいのひとが好きじゃないんじゃない？」と聞いたことがある。

「ううん。九割は嫌い」とすかさず訂正された。

　年を重ねるにつれ、彼はどんどん新しいひと交わりを嫌がるようになり、だれかを紹介される機会もできる限り避けていた。

　人間関係のストライクゾーンがとことん狭かったが、それでも時折、思いがけない出会いに恵まれた。

　歌舞伎の十八代目中村勘三郎さんと親しくなったのは、おたがいの怒りっぽさ、喧嘩っぱやさがきっかけだった。

　ある日、家に帰ると留守番電話のランプが点滅している。再生すると、「中村勘三郎です」

と入っている。

「この番号は○○から聞きました。きのうはごめん。あれは俺が悪かった。ちょうど税務署が入ってその報道があったりして気持ちがふさいでたんだ。あなた、前に丸谷先生にあっかんべえをしただろう。それが気になってて、ついカッとしちゃったんだ……」

前の晩に、彼は銀座のバーで勘三郎さんと喧嘩していた。

彼のなじみのバーに、ふらりと勘三郎さんがやってくるようになった。その前に、「SPA!」の福田さんとの対談で歌舞伎の話をしたときに、勘三郎さんが編集部気付で彼あてに手紙をくださっていたので、会うと話をするようになっていた。

勘三郎さんが丸谷才一さんを連れてそのバーに来たときに、トイレに立つ丸谷さんの後ろ姿にツボちゃんがふざけてあっかんべえをしたことがあった。前の晩、何かで口論になったときに勘三郎さんが「あのときの態度はなんだ」ととがめ、「表に出ろ!」となったらしい。子供の喧嘩だ。野田秀樹さんが仲裁しておさめてくださったらしい。

税務署が入ってたいへんなときに、わざわざ番号を調べてまで謝ってくださったのには彼も驚いて、「自分も悪かったです。ごめんなさい」と謝った。その後は、平成中村座の芝居に誘っていただいたり、芝居のあとお茶を飲んだり、食事に行ったりするようになった。

平成中村座で「め組の喧嘩」をやったときには、昼公演の後、バスを借り切って役者さんたちを引き連れた勘三郎さんと一緒に国技館に乗り込み、本場所を観戦したこともある。「福岡公演があるから博多で飲もうよ」と誘われていたのに、二〇一二年に勘三郎さんの病気がわかり、残念ながら実現しなかった。

病気がわかったあと、コクーン歌舞伎で宮藤官九郎脚本、中村勘九郎主演の「天日坊」（原作・河竹黙阿弥）をやったときに、公演の途中で「すごくいい芝居だから、坪内さんぜひ観てよ」と携帯に電話をもらった。

観てすぐ、「すごく良かった」と勘三郎さんに電話したところ、「（同じ宮藤脚本の）『大江戸りびんぐでっど』でさんざんなことを言われたけど、『大江戸りびんぐでっど』があってこその『天日坊』なんだよ」と力説されたらしい。「勘三郎さん、電話して、良かったと言ったらすごく喜んでくれたけど、ぼくがあんまり勘九郎さんの芝居をほめるからちょっと不機嫌になってきて。息子のこともライバルと思うっていうのが、役者さんって面白いね」と感心していた。

大スターである勘三郎さんは、いろんな人に声をかけて、現代の歌舞伎に関心を持ってもらい、新しい風を吹き込もうとしていたのだろう。ツボちゃんは、自分が彼にとっての特別な存在だと勘違いすることもなく、ワンオブゼムだと卑下することもせず、一対一の時間をすなおに楽しんでいた。

黙阿弥作品についてふたりで掘り下げて話したことがあり、「黙阿弥で、最近上演されていないけど、いまやったら面白いのがあったら教えてよ」と言われて、「黙阿弥全集」を古本で買い込んだ。コツコツ読み進めていたのに、ぜんぶ読み終わる前に勘三郎さんは亡くなってしまった。

第十一章　「ロマンティックなエゴイスト」のこと

二〇二〇年四月に「ユリイカ」の臨時増刊で出た坪内祐三追悼特集に、「ロマンティックなエゴイスト」という掌編小説が掲載された。

事前に、初出の同人誌「テクネ」を主宰する浦野興治さんから転載許可を求める連絡をもらっていたが、てっきり評論だと思い込んでいたので、読んで驚いた。

三月に浦野さんから電話で話したいと言われたときは、亡くなって間もないこともあり、彼について話すのはつらく、メールでのやりとりにしてもらった。内容もよく確認しないまま、「浦野さんと編集者が掲載できる内容だと思われるなら」と、掲載については任せるむねの返信をしてしまった。浦野さんのメールを読み返しても、小説という説明はない。

彼が小説を書いたことがあるのは知っていた。

ある日、下高井戸の彼の実家を訪ねた帰りに、唐突に「いつか『玉電松原物語』という作品を書きたいんだ」と言い出した。東急世田谷線と名前を変えた、かつての玉電に乗っていたときのことだ。

そのまま、『玉電松原物語』を話し始めた。

「本屋の安《やす》さんはいつも人民服を着ている。人民服といったって本物のではない。ただ忠三の眼にそう見えるだけだ……」

三歳から暮らした世田谷区赤堤に近い世田谷線松原駅周辺の、本屋の安さんや、「ももや」のブルートとキューピー、顔デカ男らが登場する、地元松原商店街の思い出話は何度も聞かされていたけど、あまりにもすらすらストーリーが出てくるので、「それ一度書いたことがあるでしょ?」と聞いたら、あっさり認めた。その後、それとはまったく違う形で「小説新潮」に連載をはじめた『玉電松原物語』にも、この一節は出てくる。

書きあげた小説は新人賞に応募したけど、一次選考も通過しなかった、と自分で言っていた。

けれどもこの、「ロマンティックなエゴイスト」については聞いたことがなかった。

「ロマンティックなエゴイスト」というのは、フィッツジェラルドのデビュー作『楽園のこちら側』の第一部のタイトルで、ツボちゃんの幻のデビュー作となった『変死するアメリカ作家たち』にもこのフレーズは出てくる。

〈スコット・フィッツジェラルドをはじめとする、アメリカ文学によく見られる「ロマンテイックなエゴイストたち」の栄光と没落〉。第一章では、ごみを捨てに行って心臓発作を起こし、死後も身元不明のまま死体安置所に二日も放置されていた、デルモア・シュワルツの劇的な生涯が紹介されている。

「テクネ」に載った「ロマンティックなエゴイスト」は、「スタンレー鈴木」名義で書かれていた。掲載は一九九〇年八月刊の第二号、まだ「東京人」にいるときだけど、辞めると決めた後かもしれない。「未来」で「変死するアメリカ作家たち」の連載が始まるほぼ一年前になる。

「スタンレー鈴木」は、「東京人」時代に埋め草記事を書くときに使いはじめた筆名で、「東京人」を辞めてからも、雑誌「ＣＲＥＡ」や「彷書月刊」で、日系アメリカ人の日本文学研究者のふりをして書いていた。評論は『古くさいぞ私は』に収められているが、小説を書いていたのは知らなかった。

詩人トーマス・タイラン・ブートマンの短い生涯について、彼と十年間つきあったカティンカ・メイトソンという女性が語る。

かつて詩人はこう言った。

〈四十までに、ぼくは死ぬだろう〉

予言した通り、三十六歳のとき、メキシコの小さな町で彼は死んだ。

〈彼の死は、厳密に言えば、自殺ではなかった。しかし、彼を知っている誰もが、彼の死を驚かなかった〉

トムは一九四〇年生まれだが、フィッツジェラルドら一九二〇年代作家によく似ている。〈見た事もないようなハンサムな青年〉で、カティンカは、彼からの熱心なアプローチを受けてつきあい始める。二人の関係は自由で刺激的だが、トムの女ぐせの悪さにカティンカは悩まされる。トムはメキシコで交通事故に遭い、一命をとりとめるが、十四年後に死ぬ。

短いトムの人生のように、小説は断ち切られるように終わる。最後の、カティンカに向けたトムのせりふ――〈おまえはがまんしろよ〉。

このみもふたもなさは、なんなのだろう。

「テクネ」に書いたのがこういう小説だとわかっていたら、掲載していいと言ったかどうかわからない。少なくとも、かなり迷ったのはたしかだ。

彼を早稲田大学の非常勤講師に誘ってくださった千葉俊二さんが、同じ「ユリイカ」の追悼特集で、〈ある意味、坪内さんの生涯を要約するような象徴的な内容に富んでいる〉とこの掌編のことを書いている。千葉さんの原稿を読んで、「ユリイカ」の編集者は探して載せたのだろう。

千葉さんと同じことを私も思った。アメリカを舞台に、自分とはぜんぜん似ていないハンサムな詩人を描いているのに、この掌編には彼自身の声が響いているように感じられた。私の知らない一面があると知らせる、不穏な声。

この掌編を読んだとき、常盤新平さんの小説『熱愛者』を連想した。

「東京人」時代に知遇を得た作家の常盤さんとは、「東京人」を辞めたあとも親しいおつきあいが続いていた。

『熱愛者』は、小説誌で連載した小説である。官能小説というには上品で控えめだが、魅力的な女性たちと次々関係を持ち、女性たちに去られる、主人公の名前が唐沢悠治である。

悠治の仕事は翻訳家で、ほんとうなら常盤さんの分身と読むのが自然だろう。

けれども常盤さんと親しい翻訳者グループの女性のあいだでは、「『熱愛者』のモデルは坪内くんだと誤解された」と彼は話していた。「もっさりした青年なのに、女性関係の派手なやつだとひんしゅくを買ったみたい」

「悠治」と「祐三」が似ているというだけなら、彼の思いすごしと思ったかもしれない。

『熱愛者』のあとで常盤さんが雑誌「四季の味」で始めた『たまかな暮し』というおだやかな恋愛小説では、主人公の名前が「悠三」になった。

はじめ主人公は「中村悠三」で、恋人は「坪内やよい」という名前になっているが、途中で出てくる悠三の父は「坪内啓吾」になっている。それだと主人公は「坪内悠三」になる。坪内祐三の名前を使おうとして、かえって混乱が起きたようにも思える。

悠三は、飯田橋にある小さな出版社に勤めており、やよいと結婚してからは三軒茶屋のアパートに暮らしている。悠三は、〈自分は古くさい奴だと思う〉と言ったりもする。悠三とやよいのカップルは、『熱愛者ふたたび』の悠治と信乃のカップルに瓜ふたつだ。

『たまかな暮し』の連載中、常盤さんと食事をしながら、この小説や『熱愛者』の話になって、「主人公を悠治や悠三にすると、なんだか筆が進むんですよ」と笑っておられた。

編集者時代の彼は、遅筆で知られる常盤さんの原稿をもらうために、「逆カンヅメ」と称してお宅に泊まり込んでプレッシャーをかけたりして、ずいぶん親しくしていただいた。神藏さんと結婚していたことも、別れたあとも神藏さんと会っていることや、それから別の女性や私とつきあったのもご存じだ。

小説で書かれているできごとは彼と関係ないと思う。「モデルだと誤解された」という彼の話を深く考えずに受けとっていたけど、「あれ?」と思ったのは、やはり「ユリイカ」の追悼特集で、中沢新一さんの文章「ある種の太宰治」を読んだときだ。

中沢さんとツボちゃんとは、山口昌男さんを通じてのつきあいで、中沢さんが山口さんの長男、彼が三男の末っ子なんだと本人はよく言っていた（ちなみに次男は今福龍太さんで、長男と三男はアカデミズムの山口さんの弟子のラインから外されているらしい）。

山口さんのいちばんの理解者である中沢さんが、〈晩年の山口昌男がつくりだされる過程に、決定的な影響を与えたのが坪内祐三であった〉とまで書いてくださった。

山口さんを敬愛し、山口さんとの濃密なつきあいを通して文筆家としての自分の基礎がつくられたと言い、いつか中沢さんに山口さんのことを書いてほしいと言っていたツボちゃんに読んでほしいと思う内容だった。しかし原稿はそこで終わらない。続けて、ある夜、バーで目撃したできごとが書かれていた。

一人の女性が飛び込んできて、彼のことを探している。

私は坪内くんなしでは生きていけない、といって半泣きなのである。

私はそのとき坪内祐三のもう一つの顔を知った思いがした。

なぜ、「あれ？」と思ったかというと、その場にいなかった私もその光景を知っているからだ。

ツボちゃんが私に話して聞かせた。中沢さんの話と違うのは本人もその場にいたという点で、彼はその晩、中沢さんがたまたま、いあわせて、たぶん誤解されただろうな、と言っていた記憶がある。

ひどく酔った若い女性が自分のことを探しに来た。なぜそんなに探して、しかも荒れているのかわからなくて、「きみはぼくのことが好きなの？」と聞くと、「あたりまえだろう！」といきなりぶん殴られた、というのが、彼が語るあらましだった。

災難だったね、とそのときは聞き流したけど、やはりどこか引っかかっていたのだろう。中沢さんの文章を読んで急に思い出した。

よく知らない女性が、と話していたけど、いまになって思えば、よく知らないひとが、何軒も店を回って探して（それは彼が行きそうな店をだいたい知っていたということだ）、人前でいきなりぶん殴ったりするだろうか。

『熱愛者』のモデルの件も、ちょっとしたモテ自慢なのかなと思って聞いていたけど、わざわざ自分から話すのは、あとで誰かから私の耳に入っても、何でもないこととして受け取らせるためだったのではという気がしてくる。

思い出しながら書いていると、「文ちゃんは嫉妬深いから」というツボちゃんの声が聞こえてきた。

何度もそう言われたけど、私自身は、自分がそこまで嫉妬深い人間だと思えない。私の嫉妬は、ありふれた、ごく平凡なものだった。

嫉妬という感情に苦しんでいたのは、じつは彼のほうだったのではないかと思う。

彼は、「ぼくは嫉妬を手放した」と言っていた。

そう思うようになったのは、学生時代に起きたできごとのせいらしい。

早稲田の学生だったころ、つき合っていた女性に振られ、彼女は自分の親友と付き合うようになり、二人とも彼から去っていった。

もうひとり、ずっと好きだった同級生の女性がいて、彼女が卒業して彼が大学院に進んでも親しいつきあいは続いていたが、恋人にはならなかった。彼女は一九八三年秋、自殺する。そのことは『東京』に少し出てくる。自殺する前に、最後に電話で話した相手は彼だったが、理由も告げずに彼女は永遠に姿を消してしまった。

二十歳やそこらで経験するにはなかなか厳しいできごとだっただろう。その話を私にして、だから自分は嫉妬という感情を手放したのだと彼は言った。

神藏さんの『たまもの』に描かれているのも、嫉妬という感情をまったく見せない坪内祐三だ。

神藏さんとは、別の女性と結婚式を挙げる直前に婚約破棄して一緒になった。そこまでして結婚した相手から、「好きな人ができた」と告げられても、「美子ちゃんはアーティストだから」とすんなり受け入れる。追いかけようとせず、祝福すらしている。そのうえで、夫婦ではなくなっても、自分たちの特別な関係を続けようと申し出る。

その関係を壊したのは私だと、直接的にではないにしても書かれているのを読んで、びっくりした。神藏さんと直接やりとりすることはなかったから、神藏さんと会うことを私が嫌がる、と彼が伝えたのだろう。

『たまもの』に書かれているように、自分たちの特別な関係を認める人でないと今後、つきあわない、と彼から言われたこともなかった。

私には、嫉妬している自覚がなかった。

家に帰ってきたら神藏さんと彼が仲良くお茶を飲んでいたときは困惑したし、居心地が悪かった。友人たちと一緒に、八ヶ岳の坪内家の別荘に二泊三日で行こうと計画していたら、「美子も行く、と言われて断れなかった」と彼から言われ、この先の暮らしが不安になったのはたしかだ。

私は神藏さんのことをよく知らないし、気づまりだから来てほしくない、と思ったけど、「断れなかった」と言われた以上、「いやだ」と言えなかった。前妻と一緒に旅行するのは姑や小姑と旅行する以上に気が重い、と言いたかったけど、そんな卑近な物言いはこの人たちに通用しそうにない。

一緒に行く予定の友人が、「それはちょっと……」と言って、結局、神藏さんは旅行に来なかった。それがわかってようやく、一緒に行くのは私も嫌だったと口にできた。彼が私に、神藏さんとの関係について嫉妬しないでほしいと考えているのはわかっていたけど、口に出しておかないと、いつまでも団体行動が続きそうだった。

二人が会うのはかまわないし、彼と彼女との関係を疑ったりもしなかったけど、私はそこに巻き込まれたくなかった。三軒茶屋で彼らが暮らしていた、いまは仕事場になっているマンションのすぐそばに神藏さんがアトリエを離婚後に借りたことも、なぜわざわざそんなことをするのだろうとふしぎだった。

『たまもの』という作品について、彼は何も書き残していない。私がとやかく言うのもおかしなことだと思う。

作品が出たとき、「あれは神藏さんの作品。彼女の目から見えている世界で、ぼくが見ていた世界とは違う」と言っていたが、写真集としては評価していた。

『たまもの』が出てから、私たちは激しいけんかを何度もした。

ツボちゃんは、写真集が出る前に、自分の写真をどのように使ってもらってもかまわない、と伝えていたようだが、私とのあいだではそういう話はなく、見本ができてから、事前に私の写真を載せる話をしていないことを察知した編集の松田哲夫さんが慌てて電話してきた。

それはいやだなと思っても、もう見本は刷り上がっており、「いまさらどうしようもないですよね」と返事するしかなかった。

送られてきた本には、一緒に食事をしたとき撮られた写真が掲載されていて、私はみっともなく笑っている。無言でカメラを向ける神藏さんに、撮らないでほしいと思ったのに何も言えなかった、その日の感情が蘇ってきた。

離婚してツボちゃんと暮らしはじめたことも、その時点で私は親しいひとにしか話していなかったので、勝手に公表されたくなかった。本文中はイニシアルだが、謝辞には私の名前も載っている。増刷されることがあれば、写真か謝辞の名前かどちらかを外してほしいとツボちゃん経由で筑摩書房のひとに言ってもらったけど、伝わらなかったのか、伝わっても無視されたのか、そのまま増刷された（文庫化のときに、写真と全員の謝辞が外された）。

ツボちゃんはよく、神藏さんと結婚していたころの思い出を楽しそうに話した。寺山修司や、中上健次や、角川春樹にかわいがられたという彼女の若いころのエピソードも、はじめは面白がって聞いていたけど、何度も聞かされるとだんだんイラだつようになり、『たまもの』が出てからはいやでたまらなくなった。

私の激しい怒りをもてあましたツボちゃんから、「文ちゃんは嫉妬深い」と言われるようになったのもこのころだ。

私は嫉妬していたのではなく、写真家としての彼女のやりかたに怒っているから彼女の名前も思い出話も聞きたくないのだと、いまも反論したくなる。

嫉妬と決めつけられると一層怒り狂ったけれども、冷静に考えると、たしかに嫉妬の感情はあった。

「自分の感情に正直」「うそがない」と、『たまもの』を評価する人はたくさんいたけど、私の友だちは出てすぐ、「あれはひどいよ」と言ってくれた。私自身、自分のほうから関係を壊した元夫への執着を、いまになって、私を巻き込むかたちで発表したことへの怒りがあった。そのことは彼もわかってくれたけど、最初の反応は、「美子ちゃんはがんばった。いい作品だ」だった。彼はフェアで、彼がフェアだということが私の傷になった。

『たまもの』に描かれているのは、ツボちゃんがそうありたいと考えた、嫉妬を手放した男を軸にした物語である。神藏さんは私に対して、末井さんは坪内祐三に対して嫉妬の感情を見せるが、ツボちゃんはだれにも嫉妬しない。

どこにも破綻はない。でも、そんな人間がいるだろうか。ふつう、手放そうとして、嫉妬なんて手放せるものだろうか。彼は嫉妬を手放したと言い、私にも手放すことを望んだけど、そんなことはできなかった。

ふつうなんて書いたら、「ふつうって何?」とツボちゃんにかみつかれそうだ。「ふつう」

や、「みんなが言ってる」という言い方は大嫌いだとよく言っていた。

嫉妬せず、妻の新しい恋を応援するのは本心から出たことばだろう。けれども私には、そういう物語をつくりあげて、人生の難局を乗り切ろうとしたのではないかとも思える。周囲にも自分にも納得させて、自分のさびしさは押し殺してしまった。はじめて会ったとき、私は彼の私生活について何も知らなかったけど、さびしい顔をしたひとだと思った。

もしツボちゃんがつくった物語を受け入れ、神藏さんがのぞむかたちで彼女や末井さんとのつきあいをずっと続けていたら、私は本物の嫉妬にとりつかれて、もっとひどいことになっていた気がする。

すべてを受け入れる器量は私にはなく、そのせいで嫉妬深い人間と彼に認定され、ほかの場面でも「嫉妬深い」と言われることになったとしてもしかたなかった。

「ロマンティックなエゴイスト」の最後、主人公が恋人に言う、私と出会う前のツボちゃんが書いた「おまえはがまんしろよ」のひとことは、だから衝撃だった。

高々と打ちあげられたボールのように、彼のことばは上空のどこかを三十年近くさまよって、いきなり私の後頭部を直撃した。

第十二章　神さまのこと

ツボちゃんの葬儀は、彼の父や祖父と同じ代々幡斎場で、仏式で執り行った。

ほんとうは、彼はカソリックで、小学生のときに下北沢のカソリック教会に通いはじめ、洗礼も受けている。洗礼名はルカ。

スザンヌ・ヴェガが歌って一九八〇年代にヒットした「ルカ」を、彼はよく口ずさんでいた。

「ルカ」は、児童虐待という重い内容をさわやかな曲調で歌う。家庭内暴力を受けている少年が、階下の住人に「何があったかは聞かないでください」とくりかえす。出だしの「My name is Luka」をうたったあとに、にやにやしながら、「文ちゃんに虐待されてます〜♪」と歌った。

人聞きが悪いからちょっとやめてよー、と言っても、「文ちゃんに〜♪」と歌った。

一緒に暮らし始めて、自分が爆発しても負けずに言い返してくる私が、思っていた以上に気が強いことに彼は気づいて、「ぼくはいつもあなたに気をつかっているんだ」とぼやいていた。そういう不満をにじませて、自分の歌として「ルカ」を歌うのだった。

かなりの音痴だったけど、歌うことは嫌いではないようで、私が鼻歌を歌っていると、彼も同じ歌を口ずさむことがたまにあった。調子のはずれた彼の歌声を聞くと、なんとも言えず気持ちがなごんだことを、亡くなってからよく思い出す。

義父の葬儀のときに、「ぼくは洗礼を受けているけど、もう何十年も教会に行っていないので、よっちゃん（父嘉雄さんのこと）と同じようにしたらいい」と言った。

一方で、「カソリックであることをやめる、ってできないんだよね」、「もう少し年を取ったら、ふたりで教会に行こうか」と言ったこともある。葬儀のときは、仏式に決めたものの、義母から渡された十字架も棺におさめた。

彼は時折、「神さまはいる」と口にした。偶然に良いことが起きたとき、収まるべきところにものごとが収まったとき、悪いことはできないものだというとき。不意打ちのように「神さまはいる」と言った。

神藏さんの『たまもの』の中にもこの言葉は出てくる。神藏さんが末井さんと出会ったことを、彼は「神さまはいると思った」と言った。

彼の中に、「神さまのこと」は、いつもあったような気がする。

理不尽な暴力を受けたことも含めて、いろんな試練がふりかかってきたとき、「おれは、ヨブだ」と言うこともあった。

雑誌「考える人」の創刊号から始まった雑誌と同名の連載で、彼は若いころから著作に親しんできた文章家ばかりを取り上げている。

例外が須賀敦子で、彼自身は須賀敦子の読者ではなかったけど、〈個人的に須賀敦子ときわめて親しい関係にあった知り合いが二人います〉と書いている。ひとりは新聞で担当編集者だった私のことで、もうひとりは、今は会えなくなってしまった学生時代の親友だ。

繊細で、気づかいの人であると同時に、時折、怒りを爆発させることもある須賀さんは、ツボちゃんと似たところがあった。

須賀さんの、「古いハスのタネ」というエッセイを取り上げた回は、他の人と比べてややおさまりが悪い印象を受ける。

吉行淳之介の「樹々は緑か」を大学の授業で読む場面がそこには描かれている。主人公は、橋のうえでどちらに行こうか迷っている。〈もしも、いま、宗教といってよいものがあるとすれば、この小説に似ているのではないだろうか〉、須賀さんのこの吉行作品のとらえかたは唐突だが、妙に心に迫る。そしてこのエッセイに彼は激しく共振し、〈この「思いの揺れ」を真剣に「考える」こと、いや「思う」ことは私には恐怖です〉と書いている。

「古いハスのタネ」は「新潮」一九九六年一月号に発表され、一九九五年には日本を揺るがすオウム真理教事件があった。「古いハスのタネ」とは彼女の信仰のことだ。彼の中にも「古いハスのタネ」は眠っていて、だからこそ彼女の文章に感応し、異様な揺れ方をしたのかもしれない。

葬儀の日も、「神さまはいる」ということばを思い出した。

葬儀では、重松清さんと平山周吉（細井秀雄）さんが弔辞を読んでくださった。重松さんは「ｅｎ－ｔａｘｉ」の同人に加わり、ツボちゃんが原作・主演の映画「酒中日記」（内藤誠監督）にも友情出演してくださった。暮れの十二月二十六日も、飲み屋で会うと、いつも辛抱づよくツボちゃんの酔いにつきあってくれた。暮れの十二月二十六日も、彼がひとりで銀座の「ザボン」に行ったら、重松さんが新潮社の編集者たちと来店し、久しぶりに○○さんや△△さんにも会えたと、帰宅して楽しそうに話していた。

忘年会シーズンで、重松さんは大勢の編集者に囲まれ、自分はひとりで、さびしくなかったのかな、という思いがちらっとよぎったけど、そんなことは思いもしないようで、「しばらく会えてなかったから本当に会えてよかった」と、翌朝になっても言っていた。

坪内祐三がもの書きになるのを見届けてくださった、古いつきあいの細井さんが、平山周吉の筆名で発表した『江藤淳は甦える』が二〇一九年に小林秀雄賞を受賞したとき、彼は自分のことのように喜び、授賞式では最前列に座って熱心にスピーチを聞いていた。

彼が急に亡くなったあとで、弔問に来てくださったかたたちと話しながら涙ぐむことはあっても、私は葬儀の日まで声を上げて泣くことができなかった。

悲しくなかったわけではない。あまりにも突然で、現実が受けとめられず、感情の動きが凍りついてしまったようだった。おふたりのことばの中には、元気なツボちゃんがいた。いろんな場面での姿が浮かぶと、押しとどめていた思いがあふれ、涙が止まらなくなった。

弔辞の後に、喪主として私はあいさつしなければならない。原稿は用意しているが、こんなに泣いていたのでは、とても読めそうにない。

弔電の披露が始まり、葬儀社の担当者がマイクの前に立った。

「たくさんの伝票が届いております」

「あっ！」という小声をマイクが拾い、すぐに、「失礼しました。たくさんの電報が届いております」と言いなおした。

会場に入りきれなかった人もいて、この間違いを聞いた人はそれほど多くなかったと思う。私のすぐうしろに座っていた姉に、葬儀が終わってからメールでこのことについても触れると、「あれは私も気になった。よっぽど会計のことが気になってはったんやろな」という関西人らしい反応がかえってきた。

弔電のかわりに伝票があちこちの飲み屋から届いたら、それはそれでツボちゃんらしいなと思った瞬間、私はふっと笑ってしまった。こんなタイミングで笑う自分にあきれ、また涙が出たけど、少し落ち着いて、ことばにつまりながらも、どうにか喪主のあいさつを終えることができた。

葬儀社の担当者は、遺族の気持ちを汲んでよく動いてくれるかただった。小柄でふくよかな男性で、ちょっとマトリョシカ人形を思わせ、「九割の人間が嫌い」なツボちゃんでも初対面から絶対好きになりそうな、かわいらしいかただった。

葬儀のベテランとしては不本意なミスかもしれないが、あのとき目に見えない力が働いて私を助けてくれた気がする。絶妙な言い間違えについてツボちゃんと話したいな、と思った。ツボちゃんなら神さまはいる、って言うんじゃない？　私が聞いたら、「あれは、おれがやったんだよ。気がつかなかった？」と得意げに答えるんじゃないか。

彼は本と同じくらい映画が好きで、少年時代はとくに集中して観ていたそうで、「映画手帖」という小型ノートにびっしり採点表をつけていたのを見せてもらったことがある。

トリュフォーの「緑色の部屋」が好きで、出会ってまもないころ、「あの映画の主人公みたいに、死亡記事を書く仕事がしたいなと思ってたんだ」と言っていた。監督みずから演じる主人公のジュリアンは、古色蒼然とした雑誌で死亡記事を書いている。少年のころの、まったく少年らしからぬ彼の夢は、文筆家になって、なかばかなったと言える。

専門の記者や編集者ではないけど、著作を愛読してきた人が亡くなったときは、心をこめて追悼記事を書いた。新聞や文芸誌に頼まれることもあれば、雑誌に連載しているコラムの中で書くこともあった。

「緑色の部屋」のジュリアンが、かつての友人でいまは敵となった男の死亡記事を書くとき、「資料はいらない」と言ったように、資料や検索に頼らず（もちろん確認ぐらいはしただろうけど）、自分の中に蓄積したその人の人生を引き出すようにして書いていた。

亡くなった後で出た評論集『みんなみんな逝ってしまった、けれど文学は死なない。』（幻戯書房）の第一章は、「文壇おくりびと」となっている。山口昌男、常盤新平という自分に大きな影響を与えた人の追悼や、追悼文ではないが、学生時代に知り合い、やはり影響を受けた福田恆存について書いた文章が収められている。

草森紳一、松山俊太郎、大村彦次郎といった、親しくしていた年長の友人が亡くなると、「巨大な図書館がまるごと消えてなくなった気がする」としょんぼりしていた。

「みんな死んじゃう。みんな死んじゃった」と彼が言うたび、私はとてもさびしい気持ちに

新大久保の居酒屋「くろがね」が閉店するとき
譲り受けた井伏鱒二がよく座ったという小机で執筆

FAX済の手書き原稿

なった。

葬儀のことだけでなく、彼は自分の死についてもよく話していた。

「原稿が書けなくなったら、文ちゃんに迷惑かけたくないから、入水か頓死だな」

そのどちらかで死ぬのが望みだと言う。自営業の彼は国民年金受給者だが、私は四十代で会社を辞めたから全額ではないにせよ、いちおう厚生年金がもらえるはずで、二人でいれば何とかなるよ、と言っても、あくまで「入水か頓死」にこだわった。

見得を切っているつもりなのか、「坪蔵入水」と、へんなふしをつけて言う。わかりにくいが、瀬戸内海に身を投げた歌舞伎役者、八代目市川團蔵を描いた戸板康二の『団蔵入水』をふまえている。「坪蔵」じゃなくシンプルに「祐蔵」でいいのでは？　と思うが、いつも「坪蔵」と言った。

二〇一八年に西部邁さんが入水自殺すると、「西部さんに先を越されてしまったなあ。いまから入水すると後追いと言われるから、おれは頓死だな」と言うようになった。

頓死、突然死である。そんなの入水と違ってやろうと思ってできるものじゃないんじゃない？　と言ってみるのだが、「頓死だ、頓死」とゆずらなかった。

久世光彦さんが虚血性心不全で太巻きを食べながら亡くなったときや、車谷長吉さんが解凍したイカを喉につめて亡くなったときのことを新聞や雑誌の記事で読み、「ああいう死にかたがいい」と本気で言っていた。世をはかなんで、というのではなく、楽しい計画を話すみたいに、自分の死について話していた。

ここ数年、けんかをすると、「文ちゃん、あと少しだからがまんして。おれ、もうすぐ死ぬから」と言うようになった。

体調が良くないことはそばにいてわかったし、自分でもはっきり感じていたようだ。酔うペースも早くなり、かんしゃくを起こして爆発する頻度も増えた。そのぶん、けんかの回数も多くなった。

この一年は、ゆっくりしか歩けなくなっていた。いつも速足で、たびたび私は置いていかれ、ちょっと待ってよ、と言わなければならないぐらいだったので、「もうちょっとゆっくり歩いて」とはじめて彼に言われたときはびっくりした。いま思えば、そのころすでに心臓が悪くなっていたのだろう。気がつかなかったことがほんとうに悔やまれる。

二〇一七年、親しくしていた作家の小沢信男さんの著作が三冊続けて刊行されたお祝いで、小沢さんの母校泰明小学校に近い銀座の中華料理店に少人数で集まり食事をした。

その日の朝、起きたら、彼は歩けなくなっていた。前の日に酔っぱらって転び、打ちどころが悪かったらしいのだが、泥酔していた本人は記憶がない。

ほとんど這うようにして仕事場まで行ったが、夕方になって「帰れない」と自宅に電話がかかってきた。仕事場まで私が迎えに行き、肩を貸して、ふだんなら四、五分の道を何十分もかけて帰宅し、家にタクシーを呼んで銀座に行った。

店の階段も、傘を杖がわりにそろそろと足を運ぶものだから、友人たちにひどく心配された。九十歳の小沢さんのほうが、よほど足取りがたしかだった。それなのに、食事が終わると、これから「ザボン」に行くと言う。リリー・フランキーさんのテレビ番組の収録があると言うのだ。事情を話して日にちを変更してもらえばいいのに、信じられないぐらい律儀に約束を守ろうとして、再びそろそろと、五十メートルもない距離を三十分以上かけて移動するのに付き添った。
二、三日すると足はよくなり、元通り歩けるようになった。この日の記憶が強烈で、歩くのがゆっくりになったのは、足の衰えによると思い込んでしまった。足が小さいだけでなく、脚のほうも細くなっていたので、六十代からは大腿筋を鍛えるといいらしいよ、とスクワットをすすめたりしたけど、いま思えばまったく見当はずれのことをしていた。
本人も、高血圧と肝臓のことは気にしていたけど、心臓が悪いことにはたぶん気がついていなかったと思う。

「やりたいこともやったし、もうすぐ死ぬよ」と言いつつ、彼の父が亡くなったのは九十一歳、母は九十三歳で健在と、あきらかに長寿の家系だった。がんで亡くなった人もほとんどいないと言っていた。

もうちょっとがんばろうよ、せめて七十歳までは、と言うと、「まあ、そのぐらいまでがんばるかな」と気を取り直すそぶりを見せた。

亡くなるひと月前、自宅で雑誌を整理していたツボちゃんから、「文ちゃん、これ。文ちゃんが絶賛した写真」と切り抜きを手渡された。

二〇〇九年に「小説現代」で村松友視さんと対談した記事の切り抜きで、彼が脳出血で倒れて一週間ほど入院した後だったせいか、少し痩せ、アゴの線がすっきりしていて、とてもよく撮れていた。写真を撮られる機会も多かったのに、だいたい仏頂面でにこりともせず写ることがほとんどだった。そのときはよほど話がはずんだのか、ほんの少し笑みを浮かべた自然な表情で写っている。美男で知られる村松さんに負けてないよ、と私が褒めちぎったのを覚えていたらしい。

長い時間一緒にいて、私は彼のことをうまく褒められなくなっていた。

ツボちゃんが、「自褒《じぼ》め」と称して自分のことを積極的に褒める人間だったこともある。

「だって、誰も褒めてくれないんだもの」と言っていたけど、文句ばかり言わずにもっと褒めればよかったと、この写真を見るたびに思う。

泥酔して、タクシー運転手と喧嘩したまま帰ってきたりすると、夜の静かな時間がめちゃくちゃになった。大声を出したり、その勢いで実家に電話して文句を言ったりして、近所迷惑だから声を落として、と言うと逆上した。怒り狂い、ものすごい音を立ててドアを閉めて部屋を出て行くと、そのまますとんと寝てしまう。玄関の上がり口で寝てしまうこともあり、立たせてベッドで寝かせるのにいつも往生した。翌朝になると本人はけろりとして何も覚えていない。つい文句を言ってしまい、またけんかになる。

新潮社から出ている「マイブック」という文庫サイズの日記帳に、「文ちゃんに出て行けと言われた」「文ちゃんに叱られた」と書かれていて、せつない。この一、二年間の日記は私に怒られてばかりだ。


渡された切り抜きを受け取り、なくすといけないからと、iPhoneで写真を複写して彼に返した。

ツボちゃんが亡くなって葬儀の相談をしていたとき、葬儀社の人に遺影に使う写真はどれにしますかと聞かれ、すぐこの写真を思い浮かべた。

村松さんとの対談は彼が聞き手となる連載で、その前の回に小沢昭一さんと対談したときの笑顔の写真が遺影に使われたということを、小沢さんの通夜に行った彼から聞いていた。それを思い出したのが、切り抜きを渡されたときだったか、彼が亡くなってからだったか、記憶があいまいになっている。

切り抜きを私に手渡したときのツボちゃんがどんな表情をしていたのかも思い出せない。

あとがき　「ぼくが死んだらさびしいよ？」

「大恋愛だったんですって？」と聞かれたことがある。それが自分たちのことを言っているとわかるのに少し時間がかかった。

おたがい配偶者や恋人がいたのに相手と別れて一緒になったから、そう思うひとがいてもおかしくはないけど、甘い雰囲気でいられた時期はとても短かった。

一緒に暮らし始めてすぐに彼が暴力事件にまきこまれて死にかけたり、実家のゴタゴタがあったり、次から次へと何かが起こり、恋人というより、家族であり同志みたいな関係になってしまった。

まじめな新聞記者だったはずの私が突然、離婚してツボちゃんと暮らしはじめたことは私の周りの人をひどく驚かせ、どうしてなのか、彼のどこが良かったのか、当時いろんな人から聞かれた。

自分の気持ちが自分でもよくつかめず、口ごもってうまく答えられなかったけど、一度、はかない感じがするひとなんですと、取材を通して親しくしていたノンフィクション作家の女性に言ったことを覚えている。そのあと彼女は、ツボちゃんが出席する予定のパーティーにわざわざ見に来て、「わかる気がする」と私に言った。彼女のだんなさんはすでに亡くなっていて、「私の夫もはかない感じのするひとだった」とつけ加えた。

このひとは、いつかいなくなってしまうだろう。そんな予感が、出会ったときからあった。死別と生別、どちらがつらいだろうと考えたこともある。私が彼を見ているときも、彼は私の肩越しに遠くを見ているような気がして不安になった。

けんかすると私は、「もう別れよう」としょっちゅう口にした。あるときツボちゃんに、「文ちゃんはすぐ『別れる』と言うけど、絶対言わないで。ぼくはどんなに怒ってもそういうことを言わないでしょ?」と、いつにない調子で言われ、申し訳ないことをしたと思った。それなのに、しばらくしてまたけんかになると、いちはやく彼のほうが「離婚だ! 別れる!」と叫ぶので、話が違うじゃないかと思った。

関係が壊れてもおかしくないぐらい激しく言い合っても、いっときの激情がおさまると、なにごともなかったようにもとの生活に戻ることができた。中年から初老と言われる年齢になっても同じことをくりかえし、おたがいの進歩のなさにあきれながら、この人とずっと暮らしていけるかもしれないと思ったこともあった。だけどやっぱり、彼はふいに私の前からいなくなった。

「おれ、もうすぐ死ぬから」と言うとき、ツボちゃんはどんな気持ちだったのだろう。

淡々とした口ぶりは本心と思えたけど、ふだんからどうでもいいことで楽しみのためによくうそをつくひとでもあった。あまりにもしょっちゅう、わかりやすいうそをつき、いまうそついたよね、と指摘すると、「いま私、うそをつきました」とうれしそうに自白した。彼に頼まれたものを買ってきたときなど、これはだれが買ってきたのかな、と聞くと必ず、「おれ」と答えるまでがお約束になっていた。

亡くなったあとで義母に、彼がよくうそをついたと話したら、「あの子、いまでもうそついていたの？」と明らかにおもしろがっていた。子どものころから、しょっちゅううそをついていたらしい。

自分はフランス人の血を引いているって言うこともあったんですよと言うと、「それは本当」だと言う。暮らし始めたころのことで、どう見てもアジア人の風貌なので私が信用しないでいたら、ふたりで彼の実家に行ったとき、「おれ、十六分の一、フランス人なんだよね？」と義母に確認して、「そんなことないわよ」とあっさり否定されている。「おかしいなあ」とツボちゃんは首をひねり、私はなんでそんな子どもじみたうそをつくんだろうとふしぎだった。「うそつきツボちゃん」の印象を深めるできごとだったのに、義母は聞かれたことも否定したことも覚えておらず、それ以上たしかめる方法がない。

二〇二〇年一月にツボちゃんが亡くなってふた月後の三月、東京都監察医務院から死体検案書ができたとハガキが届き、大塚まで受け取りに行った。

直接の死因は循環不全で、高血圧性心疾患によると記されていた。医者をしている姉にもメールを送って意見を聞いたが、彼のからだに何が起きたかは結局よくわからないということだろうと返事があった。

日本で新型コロナウイルスの感染例が報告されたのは亡くなってすぐのことで、コロナで世界がこんなことになっていると彼は知らないままだ。もしかしたら、という気持ちもあったが肺炎は起こしておらず、案じたとおりインフルエンザB型にかかっていた。

「もうすぐ死ぬから」のあとで、「ぼくが死んだらさびしいよ?」と言うこともあった。そんなのわかってる、と思っていたけど、想像した以上に彼のいない毎日はさびしい。

彼が亡くなったあとの一年は、そのままコロナの自粛期間に重なっていて、あまり外に出ず過ごしながら、彼がのこした本や資料を少しずつ整理している。

仕事場のマンションに散乱していたファックス用紙を片づけると、その下には大量の本や雑誌のほかに、映画や展覧会のチラシや各種パンフレット、全集の内容見本、新聞や雑誌記事の切り抜き、学生時代に観た映画やコンサートの半券など、大量の印刷物がどっさり溜めこまれていた。

整理のために部屋を借り、いったんそこにぜんぶ移すことにして、引っ越し業者が来る前に紙ごみだけでも少し捨てておこうとしたとき、目についた紙の山から一番上のものを取ると、それは「財団法人現代演劇協会経歴書」という小ぶりのパンフレットだった。「理事長福田恆存」の名刺がはさまっている。

「週刊新潮」の名物ページ「掲示板」を見て福田さんを初めて訪ねたときのものだと思う。福田恆存というひとは、初対面の大学生に自分の名刺を渡して応対したのだ。その日のたいせつな記憶と一緒に、彼はこのパンフレットを捨てずにおいたのだろう。そう考えると一つひとつ確認してからでなくては何も捨てられなくなってしまった。

捨てる捨てないをめぐっても、私たちはよくけんかした。彼ののぞみどおりにすべてのものを取っておいたら、仕事場だけでなく自宅のマンションまでたちまちごみ屋敷になってしまう。私自身、掃除が苦手で綺麗好きでもないくせに、何カ月かに一度は、雑誌や本、書類の整理をするようにツボちゃんに強要しては嫌がられた。

文藝春秋の一次試験の案内ハガキのほかに、東京大学の受験票や駿台予備校の学生証、半年間だけ出席印が押されている「空手道学」の会員証、小学校や中学校のときの通知表や「東京人」時代の給与明細などが、紙の山から発掘された。

彼は尋常ではない記憶力の持ち主だったけれど、記憶の呼び水として、あるいは確認のためにこうしたものを取っておきたかったのだろう。なじみのある東京の街並みが根こそぎ変わっていくのを見ながら、マーキングした電信柱を抜かれた犬に自分をたとえたツボちゃんに、家の中でも電柱を抜かれるような思いを、どうやら私はさせていたみたいだ。


いまは何を見てもツボちゃんのことを思い出して、後悔ばかりしている。

この一、二年、感情のコントロールができない彼を持て余すようになってからは、優しくできなかった自覚がある。

亡くなってしばらくの間、午前一時とか二時ごろになると、心臓を強く押される痛みで目が覚めた。

ツボちゃんが怒っているのかな、と思うこともあったし、一緒に連れて行こうとしているのかな、と思うこともあった。それでもいいかなと少し期待したのに、痛みは次第に弱くなって、彼のけはいも消えてしまった。

愛されるだけでなく憎まれることもあり、途中で去ってしまったひともいるけど、そうした関係も含めて、彼とつきあう大変さを少しずつ分担してくれるひとが大勢いてくれたおかげで、かろうじて私は最後までもちこたえられた。通夜と葬儀の日に、彼の死を悼んでくださる長い列を見ながら、そう思った。

新潮社の風元正さんから、坪内さんのことを書いてみませんか、とメールをもらったのは死体検案書を受け取りに行った日のことで、気持ちが沈んでぼんやり歩いていたら帰り道で派手に転んでひざを盛大にすりむき、とても書けませんと返信しようと思った。何日かたって神楽坂でお会いしたときに、やっぱり書かせてもらおうと思い直したのは、時間がたてば、楽しいことばかりだったと自分の記憶を修正すると思ったからだ。

怒りっぽくて優しく、強情で気弱で、面倒だけど面白い、一緒にいると退屈することがなかった坪内祐三について書く機会を与えてくださった風元さんと、忙しいなか、丁寧に原稿を読んでくださった細井秀雄さんに感謝します。

二〇二一年三月四日

佐久間文子

初出　第一章〜第五章「新潮」2021年５月号　ほかは書下ろし

写真撮影者　椛澤賢司（p.107）
　　　　　　中村規（p.123、p.183）

坪内祐三（つぼうち・ゆうぞう）1958年5月8日東京都生まれ。早稲田大学第一文学部卒業。同大学院英文科修士課程修了。雑誌「東京人」編集者を経て、1997年初の単著『ストリートワイズ』（晶文社）刊行。2000年より単独編集した『明治の文学』25巻（筑摩書房）を刊行。2001年『慶応三年生まれ 七人の旋毛曲り』（マガジンハウス）で講談社エッセイ賞受賞。文芸誌「en-taxi」編集同人を務める。著書に『シブい本』『靖国』『古くさいぞ私は』『文庫本を狙え！』『文学を探せ』『三茶日記』『後ろ向きで前へ進む』『一九七二』『まぼろしの大阪』『文庫本福袋』『私の体を通り過ぎていった雑誌たち』『『別れる理由』が気になって』『古本的』『考える人』『変死するアメリカ作家たち』『人声天語』『文庫本玉手箱』『酒中日記』『探訪記者松崎天民』『父系図』『文藝綺譚』『東京タワーならこう言うぜ』『大相撲新世紀 2005-2011』『昭和の子供だ君たちも』『右であれ左であれ、思想はネットでは伝わらない。』『新・旧銀座八丁 東と西』『本の雑誌の坪内祐三』『みんなみんな逝ってしまった、けれど文学は死なない。』『玉電松原物語』『文庫本千秋楽』等。共著に『暴論・これでいいのだ！』（福田和也対談）『東京』（写真・北島敬三）『倶楽部亀坪』（亀和田武対談）等。

佐久間文子（さくま・あやこ）1964年大阪府生まれ。1986年、朝日新聞社に入社。文化部、「AERA」、「週刊朝日」などで文芸や出版についての記事を執筆。2008年から書評欄の編集長を務め、2011年に退社。著書に『「文藝」戦後文学史』（河出書房新社）。

ツボちゃんの話《はなし》　夫《おっと》・坪内祐三《つぼうちゆうぞう》

著者

佐《さ》久《く》間《ま》文《あや》子《こ》

発行

2021年5月25日

発行者 佐藤隆信

発行所 株式会社新潮社

〒162-8711 東京都新宿区矢来町71

電話 編集部 03-3266-5411

読者係 03-3266-5111

https://www.shinchosha.co.jp

装幀　新潮社装幀室

印刷所

錦明印刷株式会社

製本所

加藤製本株式会社

乱丁・落丁本は、ご面倒ですが小社読者係宛お送り下さい。

送料小社負担にてお取替えいたします。

価格はカバーに表示してあります。

ISBN978-4-10-353981-0　C0095